Para Jonathan and all Family

and all Jonathan's
family.

Love
xoxo

PAULA UMAÑA

40 REGALOS DE ESPERANZA

Aliento en la enfermedad y el sufrimiento

Prólogo de Glenda Umaña

© Paula Umaña, 2021
Segunda edición: Febrero, 2022
Diseño de portada: Priscila Coto
Diseño y diagramación: Luciana Perera
ISBN: 9798510215410

Todos los derechos reservados. Esta publicación no puede ser reproducida, ni en todo ni en parte, por ningún medio, sin el permiso previo y expreso, por escrito, de su titular.

Importante nota de la autora:

Se urge al lector que consulte fuentes médicas locales y haga uso de su criterio cuanto tome una decisión sobre su salud. El propósito de este libro no es dar diagnósticos ni consejos médicos ni sugerir tratamientos.

THE MOST REVEREND
GREGORY J. HARTMAYER, OFM Conv.

30 de noviembre de 2021
Fiesta de San Andrés, Apóstol

Querida Paula:

Después de haber leído tu libro "40 Regalos de Esperanza: Aliento en la enfermedad y el sufrimiento", puedo darte mi contribución personal y oficial, y mi aprobación para que se imprima en tus libros, tanto en inglés como en español.

POR TANTO, AL NO HABER ENCONTRADO NINGÚN ERROR TEOLÓGICO NI DOGMÁTICO NI QUE CONTRADIGA LAS SAGRADAS ESCRITURAS, IMPRÍMASE EN EL LIBRO "40 REGALOS DE ESPERANZA: ALIENTO EN LA ENFERMEDAD Y EL SUFRIMIENTO" MI NOTA PERSONAL QUE FIGURA EN ESPAÑOL EN EL PRESENTE DOCUMENTO.

"Conocer a Paula fue un honor. Oír su trayectoria de fe, su perseverancia, su amor por la vida son cualidades que atesoraré en mi corazón por siempre. Este libro presenta historias que nos brindan esperanza, y explica las dificultades que encaramos día tras día. También nos enseña cómo la fe es el fundamento que nos sostiene en momentos de angustia y desesperanza. Paula nos demuestra cómo tenemos que superarnos para recobrar nuestra salud emocional, física y espiritual".

S.E.R. Grégory J. Hartmayer, OFM Conv.

Arzobispo de Atlanta

THE OFFICE OF THE ARCHBISHOP
2401 Lake Park Drive, S.E. • Smyrna, Georgia 30080-8862 • Tel: 404-920-7300 • Fax: 404-920-7301 • www.archatl.com

Paula Umaña | v

*A los enfermos
y a los que sufren.*

Mi agradecimiento profundo a las personas que me abrieron sus corazones para contarme sus experiencias aquí plasmadas.

Mi gratitud infinita por el apoyo incondicional que recibí de parte de mis pilares: Marie, Clara, Felicitée, Ana Cecilia y Charles; y de Serge, mi esposo y compañero de aventuras. A mis padres y familia, gracias por las oraciones y por estar a mi lado en las buenas y en las malas.

Gracias a la dedicación de las personas que hicieron realidad este proyecto que busca ser un rayo de luz en la adversidad.

Paula

Índice

Prólogo 1
Introducción 3

PRIMERA PARTE 7
Presta atención a los que han sufrido 9
«José, te amo» 13
No seas tímido 17
Un equipo empoderado 20
«Todo estará bien» 23
¡Aquí y ahora! 27
Sufro por ti 31
No te des por vencido 35
«Concierto de Aranjuez» 39
Un ángel en tu camino 40

SEGUNDA PARTE 43
Un oasis tras la máscara 45
¿Tendré la dicha de ser madre? 49
Una señal 52
Vocación y sanación 55
Una fe sencilla 58
Nuestra Señora de Lourdes me envió un ángel 61
¡Hay esperanza! 65
Desahógate 69
El peregrinaje 71

TERCERA PARTE 73
La importancia del apoyo emocional 74
El ejemplo de Jorge 79
La rampa de la alegría 83
La rampa que nos lleva al cielo 85
Cuatro palabras 88
Un lienzo blanco 91
Deja de sentir lástima por ti mismo 93
La vida es como las olas 95
«Nada te turbe» 97
El camino de la adicción a la conversión 101

CUARTA PARTE 103
El poder de la sangre de Cristo 104
San José te protege 106
Tu palabra me sostiene 109
Después de la tormenta 112
Vivo para Cristo 115
El tesoro de Lloyd 119
Clarita me bailó 121
Conquista tu Himalaya 123
La oración de la Divina Misericordia 125
Mi visita al umbral 129
Busca una salida 133
Referencias 135
Biografía 140

Prólogo

En nuestra familia inmediata nunca habíamos vivido una enfermedad que requiriera de tantas hospitalizaciones, tratamientos e innumerables momentos de incertidumbre.

Nadie está exento del sufrimiento y de las afectaciones a la salud, unas más serias que otras, pero lo que nos tocó vivir por mucho tiempo nos dejó una lección de unión familiar y actitud positiva que será un legado para muchas generaciones.

Con el paso de los años, Paula, la menor de mis seis hermanos, nos da un ejemplo de coraje, de perseverancia y de una fe profunda que solamente puede provenir de la fuerza sobrenatural de Dios.

Si estás atravesando por un diagnóstico médico confuso o grave, si estás sufriendo de dolores físicos, si estás a la espera de un tratamiento del que todavía no hay certeza, si la persona a la que más quieres está postrada en una cama y sientes que tanto tu fuerza física como emocional se debilitan, si te han dado una sentencia de muerte, este devocional es para ti.

Una enfermedad neurológica dejó a Paula inmóvil en una cama y con la angustia de no poder criar a sus hijos. La experiencia la llevó a entender las limitaciones, el temor y las frustraciones de muchos enfermos. Los cambios sustanciales en su manera de vivir y en su propia familia no fueron en vano porque descubrió que el camino hacia la recuperación está lleno de obstáculos y también de milagros. Con cada vivencia se dio cuenta de que tenía una misión más allá de contar su propia historia y de cómo Dios se manifestó y glorificó en cada mejoría y avance.

Al igual que ella lo requirió, el enfermo y sus familiares necesitan de una herramienta que genere fortaleza interior, visualización, paciencia, aceptación y paz. Es por eso que Paula se dio a la tarea de entrevistar a varias personas que encontraron consuelo al rendirse a los pies de Jesús.

En estos 40 relatos cortos se resumen las vivencias de varios pacientes; y van acompañados de una enseñanza y acción para que el lector pueda aplicarlas a su experiencia.

Destaco la dedicada y talentosa labor de la periodista Tatyana Heredia para que esta obra tenga la proyección, lenguaje y alcance ideal.

Este libro no es la solución mágica a tus padecimientos o la garantía de un milagro. El propósito es que sepas que hay personas que pueden entender por lo que atraviesas y ofrecerte su apoyo moral para que aceptes la situación, te levantes y sigas adelante.

Glenda Umaña
Presidenta de Glenda Umaña Communications
Presentadora de CNN en Español 1997-2014

Introducción

La vida de Paula es un ejemplo de perseverancia y superación gracias a su esfuerzo personal y a una profunda fe cristiana.

Nacida en Costa Rica, Paula fue la número uno del tenis de su país y de Centroamérica en la década de 1990; figuró en el ranking mundial de la Asociación Femenina de Tenis (WTA).

En 2015, unos meses después de dar a luz en Atlanta, Estados Unidos, quedó cuadripléjica debido a un trastorno neurológico conocido como polineuropatía desmielinizante inflamatoria crónica.

Cuando estaba internada en el hospital *Shepherd Center* se dio cuenta de que, para desahogar el sufrimiento emocional que acompaña al dolor físico, era bueno transmitir un mensaje de esperanza a las personas que atravesaban por una circunstancia adversa como la de ella.

Después de cientos de oraciones, peregrinajes a santuarios, la generosidad de muchas personas y su fortaleza personal, Paula recuperó la movilidad física y sigue en el camino para mejorar día a día. Su constancia la llevó a fundar la academia deportiva *Coach Paula Tennis* y a impartir conferencias de motivación.

Desde hace casi dos décadas, Paula, devota católica, y su esposo Serge Sautre, quiropráctico francés, viven con sus cinco hijos en Atlanta.

Las vivencias que se cuentan en esta obra son muestras de empatía de sus protagonistas que buscan llegar al corazón del enfermo y brindarle un medio para manejar la aflicción con oraciones y enseñanzas.

La debilidad física viene acompañada de la fragilidad emocional y, a veces, nos es difícil aceptar un consejo por muy bueno que sea. Es por eso que estas historias cortas son una manera de decirle al lector que no está solo y que, con el tiempo, quedará eternamente agradecido.

¡Aprovéchalas!

"*Bendita la crisis que te hizo crecer, la caída que te hizo mirar al cielo, el problema que te hizo buscar a Dios.*"

Padre Pío

Estos testimonios son un verdadero regalo para los días en los que me siento abatida. Unos minutos de lectura me infunden aliento durante toda la jornada. Las experiencias contadas de manera breve me recuerdan que hay muchos tipos de sufrimiento, algunos más intensos que el mío. Lo que más me gusta es el consejo práctico que ofrecen las personas que vivieron una experiencia como la mía. Eso hace que preste atención a lo positivo para que me ayude el resto del día.

Marianne Gregory, madre de seis hijos, fue diagnosticada con cáncer estadio IV en 2015

PRIMERA PARTE

> *Escuchen la instrucción y sean sabios: ¡no la descuiden!*
>
> **Proverbios 8, 33**

Presta atención a los que han sufrido

En marzo de 2015, mi vida dio un giro inesperado. Tres meses después de dar a luz fui ingresada en un hospital para encarar lo que, en términos deportivos, fue el torneo más difícil que me tocó disputar hasta ese momento.

Mi cuerpo, que por muchos años se movió en las canchas de arcilla y de cemento donde contendí con otros tenistas profesionales, estaba paralizado a causa de un trastorno neurológico conocido como polineuropatía desmielinizante inflamatoria crónica. Me sentía física y moralmente vulnerable.

A los pocos días de la internación en *Shepherd Center*, en Atlanta, recibí la visita de Wayne, un psicoterapeuta, que escuchó mis miedos e inquietudes, me ofreció apoyo psicológico y se fue. Quedé frustrada porque pensé que, más allá de su amabilidad y conocimiento, no entendía nada de lo que me pasaba. A fin de cuentas, el psicoterapeuta salió caminando y yo me quedé inmóvil en la habitación. ¿Por qué debía creer en sus palabras?

Horas más tarde, la jefa del grupo de apoyo para personas con lesión medular tocó la puerta. Me sorprendió ver a Minna desplazarse en silla de ruedas y luego conocer su historia. Me contó que diez años antes sufrió un accidente automovilístico.

«Mi esposo murió en el accidente. Sobreviví, pero quedé paralítica de las piernas. Ahora estoy a cargo de ofrecer apoyo a los pacientes y mi nuevo esposo, Wayne, también es psicoterapeuta en este hospital», dijo.

Las palabras de Minna me impresionaron y me hicieron cambiar de opinión. Comprendí que Wayne entendía mi situación y que sabía del sufrimiento de un parapléjico.

Acompáñame en este viaje que me llevó a descubrir que cuando se comparte el sufrimiento, uno también ofrece un rayo de esperanza a alguien que lo necesite.

Paula

Arriésgate

Presta atención al consejo de aquellas personas que superaron una adversidad parecida a la que te aqueja.

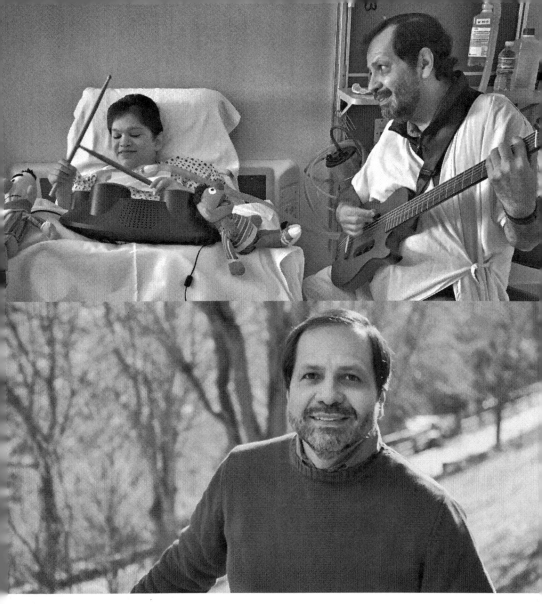

"En las letras e historias que nos comparte este libro leemos, mezclando una sonrisa y una lágrima, que el amor tiene la última palabra y puede hacer que el dolor sea enseñanza y no sentencia, sea camino y no final."

–Martín Valverde, Cantautor

> *Cuarenta años después de enfrentar la enfermedad, José es un atleta saludable y entrenador de tenis profesional.*

«José, te amo»

En 1979, yo era un estudiante costarricense de 18 años que, lleno de sueños, comenzaba su carrera universitaria en el estado de Oregon, Estados Unidos.

Me destacaba por ser un atleta dedicado y mi rutina era salir a correr cada mañana, pero un día me sentí extrañamente débil. Debido a que esa sensación era anormal fui a la enfermería de la universidad, me dijeron que se trataba de un resfriado y me dieron unos medicamentos.

Sin embargo, el malestar empeoraba y mi debilidad aumentaba por lo que, una semana después, regresé a la enfermería y me remitieron a una clínica privada donde me hicieron un examen de médula ósea.

Al cabo de unas horas, un médico me dijo que tenía leucemia mielógena aguda y que debía internarme en un hospital de inmediato para recibir un tratamiento de quimioterapia.

Me sentí muy confundido, estaba en un país que no era el mío y me habían diagnosticado una enfermedad que desconocía. Cuando los médicos me explicaron ese tipo de leucemia pensé: «Voy a morir, esto es cáncer en mi sangre y no existe una cura para esta leucemia aguda».

Ese día también sucedió algo muy especial. Tras comunicarme con mi madre en Costa Rica recibí la llamada de mi padre: un hombre muy ocupado y ensimismado en su trabajo. Me dijo una frase que no había salido de sus labios en 18 años: «José, te amo». Comencé a llorar porque era la expresión más dulce que había escuchado de su parte.

Esas palabras me dieron la fortaleza para luchar. El apoyo de mi familia y las cartas que me enviaron mis amigos me ayudaron a enfrentar la situación y a no rendirme.

José Naranjo, presidente de la Academia de Tenis Naranjo.

Cuarenta años después de enfrentar el mal, José es un atleta saludable y entrenador de tenis profesional.

¡Actúa ya!

Una simple llamada telefónica para decirle te amo al enfermo puede hacer milagros. ¿A quién vas a llamar hoy?

"*Valerme por mí mismo me hace sentir fuerte y, con un poco de ayuda, puedo lograr mis objetivos.*"

Beau Broten

No seas tímido

Puedo lograr todo lo que me propongo con un poco de ayuda, así lo aprendí desde que era niño.

Nací con ceguera en el ojo izquierdo y baja visión en el derecho. Pude estudiar gracias a unos aparatos especiales de aumento; aprender a escribir y leer me costó mucho.

Desde que tengo uso de razón me dijeron que nunca podría ver como el resto de la gente. Pese a mi limitación visual, tuve una niñez maravillosa y me encantaba jugar con los chicos de mi barrio en Minneapolis, Minnesota.

Todo cambió cuando llegué a la adolescencia y me excluían de muchas actividades. Eso me indignaba hasta que comprendí que nunca conduciría un automóvil y que, a diferencia de mis amigos, no sería totalmente independiente. Fue una época difícil.

Gracias a mis padres, hermanos y amigos, que me llevaban a diferentes lugares, comencé a sentirme mejor y a entablar amistades en el grupo de jóvenes de la iglesia a la que asistía.

Tenía entre 28 y 31 años cuando quedé ciego de ambos ojos. Mi familia y amigos me animaron a seguir adelante y terminar las carreras de Finanzas y Contabilidad en la universidad. Mi primer trabajo fue en la Marina de Estados Unidos como empleado de oficina.

Al cumplir 15 años de vivir con ceguera total, me siento cómodo cuando hablo de mis experiencias a grupos de ciegos y personas con discapacidad. Les cuento que aprendí a tomar trenes, autobuses y aviones. Me mudé a Atlanta donde soy feliz y disfruto muchísimo ir a los juegos de los Falcons y los Hawks, los equipos profesionales de fútbol y de baloncesto de la ciudad.

Descubrí que me encantan las actividades al aire libre como escalar rocas, balsismo o simplemente dar un paseo. El trabajo al que me dedico en el Servicio de Rentas Internas de Estados Unidos me da la posibilidad de darme esos gustos.

Mi afición a los deportes me llevó a conocer seres humanos maravillosos. Me divierte que me reconozcan en el tren, el supermercado y hasta en los estadios.

Cada vez que voy a algún sitio que no conozco pido a la gente que me oriente para desplazarme; la mayoría de las veces cuento con la generosa cooperación de los presentes.

Valerme por mí mismo me hace sentir fuerte y, con un poco de ayuda, puedo lograr mis objetivos.

Beau Broten, Atlanta, Estados Unidos

Consejos de Beau Broten

1. Dios te ama, tiene una misión para ti.
2. Estás aquí por un motivo.
3. No seas tímido, pide ayuda cuando la necesites.
4. El noventa y nueve por ciento de las personas te cooperará.
5. Siempre habrá personas que te estimen y valoren, pasa más tiempo con ellas.
6. Intenta encontrar una forma de realizar actividades al aire libre.
7. Pon música y habla con Dios. Cuéntale todo.

Un equipo empoderado

Cuando uno atraviesa por una situación difícil o encara una enfermedad es vital pedir ayuda y oración.

Un trastorno neurológico me dejó inmóvil. Lo único que podía hacer era hablar. Pese a lo mal de mi estado físico, me preguntaba: «¿Cómo es posible sentir tanta paz y alegría en medio de la tormenta?». Fue entonces cuando me di cuenta de que los que me aman oraban por mí. Esas oraciones me dieron la fortaleza y el valor para enfrentar la prueba.

Estoy segura de que mi paz interior se debía a que cientos de personas rogaban por mi salud. ¿Por qué me sentía tranquila a pesar de mi dolor físico y de la desdicha en mi vida? Sé en mi corazón que la respuesta solamente puede encontrarse en la gracia concedida por el Espíritu Santo y por las oraciones que me dieron alivio.

Recuerda que no estamos solos en los momentos difíciles. Muchas veces, los retos se presentan en nuestras vidas para que podamos cumplir la voluntad de Dios al ayudarnos unos a otros a llevar nuestras cargas.

El apoyo y el auxilio en la adversidad pueden cambiar el proceso por el que atravesamos, así como el resultado.

Paula

Confiesen mutuamente sus pecados y oren los unos por los otros, para ser curados. La oración perseverante del justo es poderosa.

Santiago 5, 16

Pide oración

Haz una lista de amigos y familiares que estén cerca de Dios y pídeles humildemente que oren por ti.

_____

_____

_____

> *Confiesen mutuamente sus pecados y oren los unos por los otros, para ser curados. La oración perseverante del justo es poderosa.*
>
> **Santiago 5, 16**

"*Cuando atravieses por un momento difícil recuerda que cuentas con tu madre. Si ya no la tienes contigo reza a la Virgen María, madre de Jesús, para que te ayude e interceda por ti.*"

Charlene O›Brien

«Todo estará bien»

Nunca pensé en el poder que tendrían las palabras de mi madre para sobrellevar mis males físicos y emocionales. Gracias a ella sé que el rezo del Rosario y la novena a la Virgen María consuelan mis aflicciones.

Tenía 25 años cuando pensé que mi vida había llegado a su fin. Me diagnosticaron esclerosis múltiple semanas después de que se presentaran los primeros síntomas como adormecimiento de la cara, visión doble, trastorno del habla y problemas de equilibrio.

La impresión fue tan fuerte que tras recibir la llamada del neurólogo me desplomé y me puse a llorar desconsoladamente. No me animé a contárselo ni a mi novio ni a mis compañeras de vivienda. Corrí a mi habitación para llamar a mi madre y decirle lo que me pasaba.

Mamá me dijo: «Todo estará bien». No dijo que sería fácil ni que mi vida cambiaría, sus palabras fueron: «Todo estará bien». Sabía que si me preocupaba, mi estado de salud empeoraría. Quedamos en que no diríamos nada sobre la enfermedad.

Con el tiempo, me trasladé de Los Ángeles a Atlanta donde me uní a la Catedral de Cristo Rey y conocí a Brian, mi esposo. Conocer a Brian fue una bendición porque ha sido y es mi sostén y acepta las limitaciones relacionadas con la enfermedad.

Desde mi diagnóstico en 1996 puedo decir, con humildad, que me siento orgullosa de que aún puedo caminar. Además, tengo una familia maravillosa.

Estos años no han sido fáciles porque tengo episodios depresivos y me culpo por no ser la madre, esposa, amiga que siempre soñé. Algunos días estoy tan cansada y el dolor es tan fuerte que me olvido de que soy una persona con suerte.

Cuando tengo un mal día sé que puedo llamar a mi madre porque ella me escuchará, dejará que desahogue mis penas y me recordará que «todo estará bien».

Charlene O›Brien, Atlanta, Estados Unidos

Llama a tu madre

Cuando atravieses por un momento difícil recuerda que cuentas con tu madre. Si ya no la tienes contigo reza a la Virgen María, madre de Jesús, para que te ayude e interceda por ti.

" Una persona generosa a la que nunca conocí, pero a quien quiero con todo mi corazón, me dio más vida gracias a que era donante de hígado. "

Tatiana

¡Aquí y ahora!

A mis 15 años me diagnosticaron colitis ulcerosa, una enfermedad inflamatoria crónica del intestino grueso. Aprendí a sobrellevar los síntomas, estudié en el extranjero y logré ser una profesional destacada. En lo personal, disfruté mi juventud, me casé y di a luz a una niña maravillosa.

Años después, con una vida hecha en Estados Unidos, me comenzó a costar mucho hacer cosas cotidianas. Los médicos me dijeron que necesitaba un trasplante de hígado porque, debido a complicaciones de la colitis ulcerosa, el órgano había resultado dañado de manera irreversible.

Una persona generosa a la que nunca conocí, pero a quien quiero con todo mi corazón, me dio más vida gracias a que era donante de hígado.

El día de la cirugía llevé a mi chiquitina al colegio y al despedirnos sentí que el corazón se me partía. Horas después, ingresé a la sala de operaciones con el escapulario que me dio mi mamá y con la convicción de que Dios me ayudaría. La operación fue exitosa, pese a que duró diez horas y perdí mucha sangre.

Semanas después de la cirugía regresé al trabajo y comencé a hacer planes hasta que, al cabo de un año del trasplante de hígado, los doctores me dijeron que era necesaria una operación de colon.

Fue muy difícil aceptar la noticia, pero mi inmensa fe en Dios me impulsó a seguir adelante. Para este nuevo reto, además de mi fe y las oraciones, busqué apoyo psicológico y los mecanismos para encontrar un oasis de paz en los momentos especiales. La capacidad de la atención plena me ayudó en el proceso. Aprendí a disfrutar los momentos de mi vida como si fueran únicos.

Entregarme de lleno a una conversación con una amiga, a respirar, a la textura que sienten mis pies al caminar por el jardín me ayudan a hacer frente a mi sufrimiento y ansiedad. El aquí y ahora es, al fin y al cabo, todo lo que tenemos.

Pienso en lo que tuve que superar y, agradecida, reconozco la fortaleza interna que me dejaron los momentos difíciles.

Tatiana

Entrégate

Medita en el aquí y ahora con las técnicas de la atención plena o "mindfulness".

Siente tu respiración y vive cada momento como si fuera único.

Dedica diez minutos a escribir los pensamientos que te pasen por la mente, en cualquier orden y aunque no tengan sentido.

Vacía tu mente y llénala de paz.

> *El sufrimiento no puede ser transformado y cambiado con una gracia exterior, sino interior.*
>
> **Juan Manuel Fernández Piera**
> *El Kempis del enfermo*

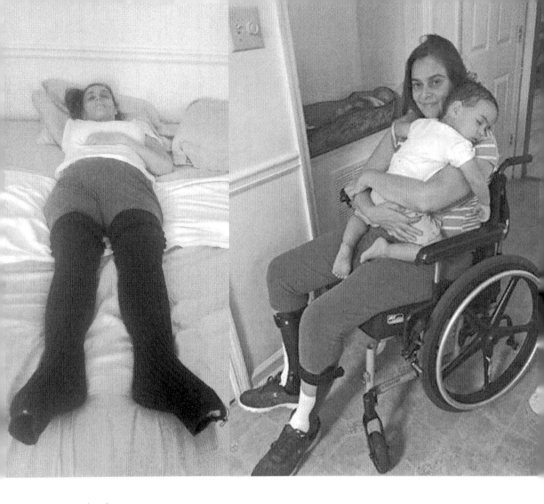

> "¡Ofrece tu sufrimiento por los demás en un estado de privilegio y de purificación!"
>
> Paula Umaña

Sufro por ti

Postrada en una cama, con diagnóstico de cuadriplejia, empecé a tener la terrible y pavorosa experiencia de la invalidez.

Cuando mis hijas pequeñas me pedían que les cepillara el cabello o abotonara el uniforme de la escuela me era imposible ayudarlas. Comencé a sentir un estado de tortura emocional y me di cuenta de que tenía que tomar una decisión para hacer frente a mi realidad.

Mis opciones eran limitadas: aceptaba los medicamentos para la ansiedad que me ofrecían los doctores o buscaba otra manera de manejar la situación desde la comprensión emocional. Opté por la segunda porque no quería estar al margen de mi vida familiar.

Recibí la valiosa visita del padre Wilberto Reyes, un sacerdote de Puerto Rico, quien me comentó la idea de «aprender a ofrecer a Dios nuestro sufrimiento por otras personas o situaciones».

Me dijo que el sufrimiento no tiene ningún valor si no lo usamos para algo bueno. Perdemos nuestro tiempo llorando, quejándonos y sintiéndonos frustrados y eso no tiene ningún resultado positivo, reflexionó.

Pedí a mis cuidadores que colocaran en la pared que tenía frente a la cama las solicitudes escritas y las fotos de las personas por quienes querían pedir una oración, así como una foto grande de Jesús de la Divina Misericordia. De esa manera, cada vez que me sintiera torturada emocionalmente leería las peticiones, vería las fotos de los afligidos y le entregaría a Dios mi sufrimiento por ellos.

Cuando ofrecemos nuestro sufrimiento en nombre de otras personas nos purificamos; en el dolor entramos en un estado de privilegio donde, a su debido momento, Dios nos regala su gracia que nos da la fuerza para llevar la carga de manera santificante y con mucha paz.

Paula

Practica este ejercicio

¡Ofrece tu sufrimiento por los demás en un estado de privilegio y de purificación! Coloca en la pared de tu cuarto los nombres y las fotografías de las personas por las que deseas ofrecer tu sufrimiento.

"*Cuando el sol brilla puedo lograr lo que me propongo; ninguna montaña es demasiado alta, ningún problema es demasiado difícil de superar.*"

Wilma Rudolph

No te des por vencido

Era considerado el mejor tenista de Costa Rica y me disponía a viajar a Estados Unidos porque había ganado una beca para estudiar y jugar tenis en la Universidad Azusa Pacific, en California.

Mis amigos me hicieron una despedida y cuando regresábamos a nuestras respectivas casas ocurrió el accidente que cambió mi destino. El conductor del auto en el que iba a bordo trató de esquivar a otro automóvil, chocó contra las vallas en el borde de la autopista, salí expulsado por la ventana y quedé en estado de coma por más de una semana. Los médicos no me daban esperanza de vida.

Al despertar del estado de coma supe que tenía un pulmón perforado, múltiples fracturas, un coágulo en el cerebro y una severa lesión medular que me dejó en silla de ruedas. La piel de mi espalda estaba en carne viva y el dolor era brutal. Tenía miedo y mi mente estaba llena de dudas.

A pesar del dolor y la tristeza decidí luchar por mi recuperación gracias al apoyo de mi familia. Empecé a esforzarme para tratar, poco a poco, de valerme por mí mismo e intentar nuevas experiencias.

La primera vez que vi algo diferente en mucho tiempo fue cuando mi padre me obligó a ir de paseo con la familia a las montañas del pueblo de Monteverde. Me forzó porque yo me sentía débil, molesto y enojado. A rastras me llevó por la montaña hasta que llegamos a una catarata que, al contemplarla, me hizo sentir nuevamente yo y me dio la fuerza para persistir.

En otra ocasión, mi padre me llevó a jugar tenis en una silla de ruedas adaptada. Admito que la primera vez fue horrible, pero después de varias prácticas volví a sentir la misma sensación de cuando jugaba en las canchas. Encontré nuevamente mi pasión.

Hoy, después de mucho sacrificio y tenacidad, soy el mejor jugador de tenis adaptado de Centroamérica y el número 49 del mundo. También formo parte de un equipo de baloncesto en silla de ruedas, hago ejercicios y tengo cinco horas de entrenamiento diario de tenis.

Fundé Tenis sobre ruedas, una organización que se dedica a ayudar a los discapacitados a jugar tenis. Me siento realizado, lleno de retos y feliz.

José Pablo Gil, fundador de Tenis sobre ruedas

No te quedes en el pasado

Acepta el reto de hacer deporte y explorar actividades en las que descubrirás nuevas maneras de recreación.

Al empezar la sesión cerraba los ojos y me dejaba llevar por la melodía. 'A mí no me van a dar los efectos secundarios de esa radiación', me decía a mí mismo y visualizaba el tratamiento como si eliminara todas las células cancerosas de mi cuerpo.

José Naranjo

«Concierto de Aranjuez»

En el sótano del centro oncológico Fred Hutchinson Cancer Research Center, en Seattle, me preparaba para recibir seis días de radiación corporal total para tratar una leucemia mielógena aguda.

La enfermera llegó para conducirme a la sala de radioterapia. Un rótulo colocado en una puerta color gris decía: "Radiation Do Not Enter" (Radiación - Prohibido el ingreso). El sitio estaba frío, tenía dos columnas color naranja en ambos extremos y una mesa en el centro. En una esquina había otro espacio cubierto totalmente de vidrio, desde allí se manejaban los instrumentos para aplicar el tratamiento.

Cada día me recostaba en la mesa con el cuerpo tendido de espaldas; a mi lado tenía un casete con la música del «Concierto de Aranjuez», la pieza favorita de Héctor, mi hermano y donante de médula espinal.

Al empezar la sesión cerraba los ojos y me dejaba llevar por la melodía. «A mí no me van a dar los efectos secundarios de esa radiación», me decía a mí mismo y visualizaba el tratamiento como si eliminara todas las células cancerosas de mi cuerpo.

Después de la terapia tuve un difícil, pero exitoso trasplante de médula. ¡Sobreviví!

José Naranjo, presidente de la Academia de Tenis Naranjo

Aplicación

Respira hondo y pídele a Dios que se lleve tus temores.

Aplica la enseñanza de José en tu situación de salud, con música y visualización.

Un ángel en tu camino

Después de muchos exámenes, los médicos concluyeron que mi padecimiento físico era una polineuropatía desmielinizante inflamatoria crónica, un trastorno neurológico poco común.

Tiempo después del diagnóstico recibí una invitación para participar en una reunión de personas con el síndrome de Guillain-Barré, una enfermedad vinculada a afecciones como la mía. Me interesaba oír lo que tenían que decir y sus experiencias, pero lo que vi me dejó asombrada.

Algunos pacientes llegaron caminando, otros pidieron comida en el restaurante y usaron cubiertos para comer. Yo, en cambio, estaba en una silla de ruedas, con las piernas débiles y sin poder sostener un tenedor de plástico.

Ver a otros asistentes mucho más fuertes físicamente me causó una gran frustración hasta que conocí a una paciente con férulas en las piernas y que usaba bastones. Sandy se acercó y me dijo: «Debes orar mucho y recibir ocho meses de infusiones de inmunoglobulina para ver si logras ponerte de pie. Estuve igual que tú durante un año».

Fue el mejor consejo que recibí. Confié en las palabras de Sandy, tuve paciencia y al sexto mes de recibir las infusiones, un 11 de febrero, Día de la Virgen de Lourdes, logré ponerme de pie y dar mi primer paso.

Conocer a alguien con una condición como la mía me llenó de esperanza y me transmitió la confianza que necesitaba para seguir adelante. Si ángeles como Sandy aparecen en tu camino alégrate y aprende de ellos.

Paula

Oración

Señor, te pido que pongas en mi camino a personas que hayan pasado por un sufrimiento parecido al mío.

Dame la humildad para pedir consejo y escuchar.

Que tus palabras me ayuden a mantenerme motivada. Amén.

Haz una lista de personas que están enfermas y que pueden aconsejarte:

_____

_____

_____

Cuando tenía seis años en mi país natal, El Salvador, fui atropellada por un automóvil frente a mi casa. Los médicos no dieron esperanzas. Estuve al borde de la muerte y pasé un año entero en la cama sin caminar experimentando el dolor y la frustración de no poder jugar como los otros niños. Mis padres se aferraron a un gran recurso; rezaron el Ave María día y noche, pidiendo fervientemente a la Virgen de Guadalupe que intercediera ante su hijo Jesús por un milagro. Un año después del accidente y mi completa recuperación, mis padres me llevaron en auto desde El salvador hasta el santuario de la Virgen de Guadalupe en México. Durante cinco años condujeron en medio de los años de guerra para visitarla en el día de sus fiestas y yo le llevaba flores para agradecer a la Virgen de Guadalupe por el milagro de mi recuperación.

*Hoy 44 años después no tengo ninguna
secuela de el accidente.
¡Reza con fervor a la Virgen de Guadalupe!*

Claudia Robles-Lehmann

SEGUNDA PARTE

"Era tal el temor que sentía en esos 15 minutos diarios de radioterapia que Dios me iluminó y comencé a imaginarme que estaba en un jardín."

Helen Rosenberg de Barahona

Un oasis tras la máscara

Cuando era joven, hace varias décadas, no existían las cremas bloqueadoras de sol por lo que mis amigas y yo nos untábamos mantequilla o gaseosa para broncearnos la piel mientras disfrutábamos del sol de verano. Pasaron los años y mi piel pagó las consecuencias de mi inconsciencia juvenil.

He tenido muchos problemas de salud, entre ellos un carcinoma infiltrante en la cara. Infiltrante porque es un cáncer que va creciendo y avanzando como una hiedra poderosa. Me he sometido a operaciones, trasplantes e injertos.

Después de una operación tuve 25 sesiones de radioterapia que fueron un suplicio. Me ponían una máscara de malla cerrada asegurada a la mesa donde me aplicaban el tratamiento. La experiencia fue terrible porque sufro de claustrofobia. Era tal el temor que sentía en esos 15 minutos diarios de terapia que Dios me iluminó y comencé a imaginarme que estaba en un jardín.

Imaginaba rosas fragantes, flores de toda clase, un riachuelo con tortugas y pececitos, árboles que se movían con la brisa y un olor delicioso que me envolvía. Veía pajaritos, mariposas, un arcoíris y a Jesús y María hacia quienes corría para recibir la bendición.

Tras el paso de los días, invitaba a mi jardín imaginario a mi familia, enfermos, indigentes y a los que habían orado por mí para que también recibieran la bendición. Solamente así pude sobrevivir las 25 sesiones dentro de una máscara que me aterraba.

Pasaron los años y me diagnosticaron mal de Parkinson. Una amiga, con mucha sabiduría, me dijo: «Cree en el diagnóstico, pero no en el pronóstico». Le respondí: «¡Sí!, así lo haré». No sé si el párkinson dejará alguna vez de tomar el control de mi cuerpo, pero lo que sí sé es que Dios tiene la última palabra.

Helen Rosenberg de Barahona, Guatemala

Visualiza

Si atraviesas por momentos de temor imagina un jardín, llénalo de flores, vistas, olores y personas que te agraden. Siente la brisa, observa e interioriza la belleza que te rodea en tu jardín imaginario. Corre hacia Jesús y María para recibir la bendición. Superarás el temor y encontrarás consuelo en los brazos de Cristo.

"*Por muy adverso que sea el pronóstico, Dios es Dios y tiene la última palabra.*"

Wendy Cruz

¿Tendré la dicha de ser madre?

Año nuevo, vida nueva. Daba la bienvenida al 2008 con gran ilusión porque estaba recién casada, llena de salud y me había trazado muchas metas.

Al cabo de un mes, no podía levantarme de la cama, tenía el cuerpo hinchado, sentía mucho dolor, estaba aterrada y confundida. Parecía que mi sistema inmunitario había enloquecido y atacado los riñones. La inflamación me causó un desequilibrio en todo el cuerpo.

En una conversación, el médico me advirtió que debía olvidarme de convertirme en madre. Tras sufrir el impacto emocional, me costó mucho comprender que detrás de tanto dolor hay un plan perfecto.

Mientras me sometía a tratamientos con medicamentos potentes para que reaccionaran los riñones, muchas personas oraban por mí. Recuerdo con especial cariño la oración de un amigo que dijo: «Dios te sanará del todo para que des testimonio. Esto algún día será un recuerdo y tendrás dos hijos que serán tus pilares».

En ese momento, sus palabras me sonaron más a broma que a mensaje de aliento. Lo sorprendente fue que, a su debido tiempo, todo lo que me dijo se hizo realidad. Tras seis meses agotadores, los exámenes médicos revelaron que mi sistema había vuelto a la normalidad.

Tal como me lo había advertido el doctor, los medicamentos me afectaron la capacidad de quedar embarazada, pero con la ayuda de un especialista y otras terapias logré dar a luz.

Mis dos pilares me recuerdan todos los días que por muy adverso que sea el pronóstico, Dios es Dios y tiene la última palabra.

Lo que a nuestros ojos parece una injusticia o una tragedia es, a lo mejor, la antesala de un gran milagro.

Wendy Cruz, periodista

"No tengas miedo ante el dolor, deja al Espíritu Santo hacer su obra en ti."

Madre Andrea de Jesús

Una señal

Era mayo y ya llevaba cuatro meses hospitalizada, cuadripléjica y separada de mis cinco hijos. Un sábado, en medio de la desesperación y el llanto, recibí la llamada telefónica de Carolina, mi mejor amiga en Costa Rica. Juntas en oración le suplicamos a Dios que nos enviara una señal de que no me había abandonado.

Al día siguiente, con motivo del Día de la Madre en Estados Unidos, el hospital me dejó ir a la misa dominical. Mi esposo y mi amiga Violaine me llevaron a la Catedral de Cristo Rey, en Atlanta, la cual estaba repleta debido a tan importante acontecimiento.

Al finalizar la celebración, el sacerdote se paró enfrente de todos con un gran ramo de flores y dijo: «Estas flores son solamente para una madre en esta parroquia, y serán para la que tenga el bebé más joven».

Las madres de recién nacidos empezaron a levantar la mano y a decir la edad de su bebé. Violaine me señaló con el dedo y dijo que mi hijo tenía cinco meses. El padre me miró y me declaró ganadora. Al voltearme vi que el ramo de flores se acercaba a mí y era puesto en mi regazo. Todos los presentes arrancaron a aplaudir.

Vino a mi mente el pedido que le hice al Señor para que me enviara una señal. Sentí que Dios le decía a mi corazón que esa era su respuesta, que entre ese grupo de madres me escogió para darme un regalo y para que tenga la certeza de que me cuidaba en esos momentos de dificultad.

Mi espíritu se llenó de gozo, de esperanza. Gracias, Señor, porque sea cual fuere el contratiempo tú siempre cuidas de nosotros. Amén.

Paula

Saca un tiempo con Dios

Apaga todo lo que tengas alrededor que te pueda distraer.

Habla diez minutos con Dios.

Tu historia, tus sufrimientos y tus milagros son únicos, no te compares con otros.

> *Mi espíritu se llenó de gozo, de esperanza. Gracias, Señor, porque sea cual fuere el contratiempo tú siempre cuidas de nosotros.*
>
> Paula Umaña

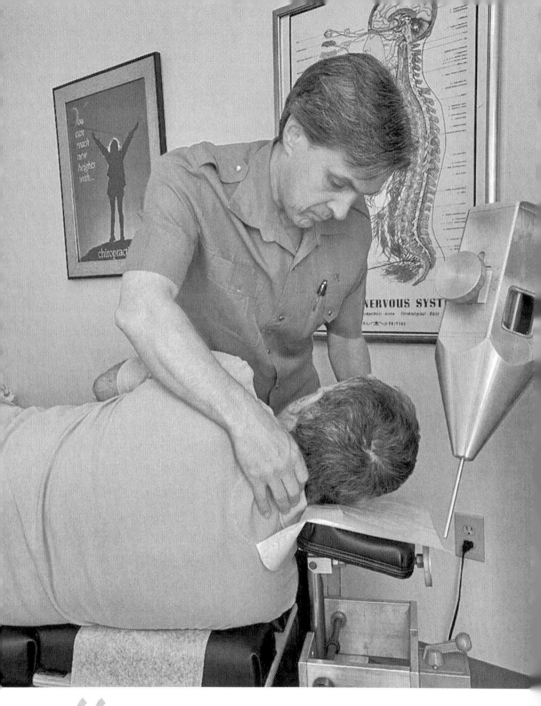

"Cuidar la salud es más fácil que curar la enfermedad."

B. J. Palmer

Vocación y sanación

Como esposo de Paula, la autora de este libro, entiendo los problemas que tiene una persona que ha enfrentado la paraplejia. He sido testigo del sufrimiento, la frustración, la aceptación y el proceso de curación de mi esposa.

También sé, por experiencia propia, el sentir de un paciente después de sufrir un accidente automovilístico. Hace unos años, en mi natal Francia, me sucedió dicho contratiempo que me impidió participar en un torneo de tenis.

Meses después de completar el tratamiento médico convencional volví a hacer deporte, pero no me sentía plenamente sano.

Uno de los amigos de mi padre sugirió visitar a un quiropráctico porque le parecía que yo lucía torcido. El tratamiento quiropráctico surtió efecto y reparó mi cuerpo. Estoy seguro de que ese fue el comienzo de mi vida profesional.

Después de las oraciones, de ir a misa a diario y de los retiros de silencio en un monasterio de la orden benedictina (Monasterio de Nuestra Señora de Fontgombault), me di cuenta de que la quiropráctica era mi vocación y respondí afirmativamente a ese llamado.

La alineación correcta, por medio de los ajustes de la columna vertebral, ayuda al sistema nervioso que conecta las funciones de nuestro cuerpo y, en última instancia, alivia el dolor y el sufrimiento.

He visto un sin fin de casos como el de Ana quien llegó a mi consulta en Atlanta, Estados Unidos, por recomendación de su neurólogo. La paciente había sufrido un derrame cerebral y no podía hablar. Le ajusté el atlas, la primera vértebra cervical, e inmediatamente se puso de pie y comenzó a hablar. ¡Imaginen su felicidad!

Luz, otra paciente, llegó a la cita con una andadera para adultos y una larga lista de medicamentos recetados. Tras una serie de ajustes del atlas pudo caminar y transformar su vida. Ahora practica buenos hábitos de salud.

Salvador, un fontanero, estaba a punto de someterse a una cirugía de columna por una hernia de disco, con cuidado quiropractico se sintió aliviado y no necesitó la operación.

Con más de 30 años en el ejercicio de la profesión, después de más de 100.000 ajustes quiroprácticos a pacientes, sé que la sanación está dentro de ti.

Si lo ignoras, tu cuerpo no alcanzará todo su potencial. Recibir un ajuste de manera segura te permitirá experimentar cambios y mejoría en tu salud.

Mi misión es estar disponible para mis pacientes y a ello contribuye mi vocación de amar, dar y servir.

Dr. Serge Sautre, fundador de Sautre Chiropractic, Atlanta, Estados Unidos

> *El poder que creó el cuerpo, lo sana.*
>
> Dr. BJ Palmer

> *Es el poder que emanó de Cristo cuando la mujer enferma tocó Su túnica.*
>
> Hna. Dra. Brigitte Yengo

> *Cuando se alinea la columna, se restablecen las funciones del sistema nervioso, lo que mejora la salud, la movilidad y la felicidad.*
>
> Dr. Serge Sautre

> *Lo crea usted o no, al igual que la gravedad, la quiropráctica funciona.*
>
> Dr. Sid E. Williams

Una fe sencilla

El 24 de diciembre de 1993 recé el rosario en mi casa y sentí, por primera vez, el abrazo de la madre de Jesús quien me dijo: «No estás sola».

Días después, un furgón atropelló a mi esposo. Tal fue el impacto que le quebró las extremidades. Cuando recibí la noticia, mi reacción fue decir una y otra vez: «Dios mío, ayúdame».

Los médicos me dejaron ingresar a la operación de emergencia de Carlos y en esa sala sentí, por segunda vez, el abrazo de la madre de Jesús y las palabras: «No estás sola».

Durante 13 años y 24 operaciones cuidé de mi esposo que pasó de cuadripléjico a parapléjico y finalmente logró caminar con dificultad.

El 15 de diciembre de 2006, Carlos sufrió un paro cardíaco. Recibí la noticia cuando manejaba mi auto y volví a sentir el abrazo de la madre de Jesús y sus palabras: «No estás sola».

Carlos quedó en estado vegetativo. La familia perdió la esperanza de verlo recuperado y cuidé de él ocho años más. Mi esposo falleció el 26 de diciembre de 2014. Durante esos 20 años de enfermedad, dolor y tragedia siempre tuve paz.

¿Por qué? Porque encontré la paz en una frase sencilla: Señor, acepto lo que está pasando y lo dejo en tus manos.

Vivian Herrera

Una oración sincera

Abre tu corazón con humildad y exclama: Jesús, recibo tu abrazo. Dios mío, ayúdame. Señor, acepto lo que está pasando y lo dejo en tus manos. Amén.

" Durante esos 20 años de enfermedad, dolor y tragedia siempre tuve paz.

¿Por qué? Porque encontré la paz en una frase sencilla: Señor, acepto lo que está pasando y lo dejo en tus manos. "

Vivian Herrera

> ¡Nunca nunca pierdas la esperanza! ¡Dios nos sorprende de maneras maravillosas!

Paula Umaña

Nuestra Señora de Lourdes me envió un ángel

Estaba convencida de que no volvería a caminar, así me lo habían augurado los expertos de la *Vanderbilt Neuromuscular Disorders Clinic*, una de las instituciones especializadas en enfermedades neuromusculares más prestigiosa en el sur de Estados Unidos.

Ante ese panorama tan desalentador, mi hija mayor, Marie, viajó al Santuario de Nuestra Señora de Lourdes, en Francia, para rogar por mi salud.

Mientras mi hija oraba por mi bienestar a miles de kilómetros, yo, en Estados Unidos, estaba en un supermercado donde una mujer se me acercó y dijo: «Quiero enseñarte lo que llevo en las piernas, creo que te podrá ayudar». Así empezaron los milagros.

Angel, ese es el nombre de mi ahora amiga, me mostró unos dispositivos ortopédicos para las piernas. Los aparatos conocidos como ExoSym costaban miles de dólares y solamente una persona los fabricaba en la ciudad de Seattle.

El otro milagro ocurrió unas semanas después cuando al recibir los aparatos ortopédicos me enteré de que mi vecina Beatriz había pagado la factura en su totalidad.

Ahora, cada mañana despierto llena de ilusión porque cerca de mi cama tengo los dispositivos que me coloco en las piernas y me siento libre. ¡Puedo caminar!

Paula

Ánimo

¡Nunca nunca pierdas la esperanza! ¡Dios nos sorprende de maneras maravillosas!

Escribe algún recuerdo que te llene de esperanza.

> *Conserva la esperanza, déjate sorprender por Dios y vive con alegría.*

Papa Francisco

> *Aprendí que cuando las cosas lucen feas y todo se ve sombrío el plan de Dios es siempre mejor al que pensábamos tener.*
>
> Cristina Pacheco

¡Hay esperanza!

Un 17 de agosto, con 20 años cumplidos, me dirigía al cine cuando mi madre me paró en seco para decirme que teníamos que ir a la oficina del médico con urgencia porque unos análisis revelaron la causa de las molestias de salud que me causaban cierta preocupación.

El doctor nos sorprendió con el diagnóstico de lupus, una enfermedad autoinmunitaria crónica. Nos dijo que el mal estaba bastante avanzado y que me quedaban dos meses de vida. Mi vida pendía de un hilo.

Lo que oí era una sentencia de muerte. Se supone que al ser tan joven uno tiene un largo porvenir. Lloré mucho y pensé en el futuro que me quedaba. «¿Cómo será el tiempo que me queda? ¿Seré feliz?», me pregunté.

El médico me dio a escoger entre dos tratamientos: la quimioterapia que me dejaría estéril y la otra opción era con pastillas, pero no se sabía si iban a surtir efecto.

Opté por las pastillas pese a que me dijeron que la terapia iba a ser muy fuerte. Se me advirtió que cuando una mujer padece de lupus es difícil que quede embarazada.

Siete años después, cada 17 de agosto, celebro la vida y la experiencia por la que pasé porque, aunque no fue fácil, sirvió para un bien mayor.

Dios tenía para mí un plan más grande: un futuro normal y feliz y un bebé.

Aprendí que cuando las cosas lucen feas y todo se ve sombrío el plan de Dios es siempre mejor al que pensábamos tener.

Cristina Pacheco dio a luz a un niño en junio de 2020.

Me hizo bien sufrir la humillación, porque así aprendí tus preceptos. Para mí vale más la ley de tus labios que todo el oro y la plata. Salmo 119, 71-72

Ejercicio visual

Piensa en tu situación y llénate de esperanza. Consigue fotos que te traigan memorias agradables. Transpórtate a ese momento y lugar, siente la emoción de ese día, disfruta y agradece la felicidad que sentiste.

Ejercicio visual

Piensa en tu situación y llénate de esperanza. Consigue fotos que te traigan memorias agradables. Transpórtate a ese momento y lugar, siente la emoción de ese día, disfruta y agradece la felicidad que sentiste.

> "Por muy altas que sean las olas, el Señor es más alto. ¡Espera!... la calma volverá."
>
> Padre Pío

Desahógate

Mi vida cambió cuando tenía 24 años y me desempeñaba como inspectora de carreteras en Costa Rica.

Un día, un colega que trabajaba en la ruta Nandayure - Playa Naranjo se enfermó y los jefes me enviaron a cubrir su puesto.

Cuando manejaba por una carretera perdí el control de mi auto y el accidente me dejó con la columna fracturada y una lesión medular en la T-9. Terminé parapléjica y en silla de ruedas.

Los primeros años después del percance fueron terriblemente agotadores. Me esforzaba día y noche para recuperar lo que pudiese de movimiento del cuerpo y me sometía a fisioterapias intensas.

Durante el período de la crisis y en la actualidad me doy el derecho de llorar. Ese desahogo me ayuda a sentirme bien y a sanar las heridas de mi corazón. Poco a poco, a lo largo de una década, Dios me ha revelado mi nueva identidad y la fortaleza para salir adelante.

Natalia Vindas, arquitecta

Llorar es bueno

Dedica un tiempo a llorar lo que pasó.

Desahógate delante de Dios con un corazón sincero.

Después de llorar, asegúrate de cumplir tu misión.

Jesús, con su amor incondicional, nos acompaña en nuestro dolor.

Por muy altas que sean las olas, el Señor es más alto. ¡Espera!... la calma volverá.

Padre Pío

> *Estoy segura de que las oraciones y las súplicas de mis seres queridos intercedieron para que se produjera el milagro en mi cuerpo; tres años después volví a caminar.*
>
> **Paula Umaña**

El peregrinaje

En Costa Rica, cada dos de agosto se organiza una gran fiesta en honor a la Virgen de los Ángeles. Las calles de la ciudad de Cartago se cierran y más de tres millones de personas van en peregrinaje a la Basílica de Nuestra Señora de Los Ángeles.

Muchos le cantan a Dios y ofrecen sacrificios, oraciones y agradecen a la madre de Jesús.

En agosto de 2015, 40 miembros de mi familia fueron a la basílica para rezar por mi salud debilitada a causa de una enfermedad neurológica que me tenía postrada en una cama.

Al día siguiente, a miles de kilómetros de mi país, pude sentarme de nuevo después de mucho tiempo. Estoy segura de que las oraciones y las súplicas de mis seres queridos intercedieron para que se produjera el milagro en mi cuerpo; tres años después volví a caminar.

La madre de Jesús se ha manifestado en varios países como por ejemplo: la Virgen de Guadalupe, en México; la Virgen de Lourdes, en Francia; Nuestra Señora de Fátima, en Portugal; la Virgen de los Ángeles, en Costa Rica.

Paula

Vive el camino

Si tienes la oportunidad de hacer un peregrinaje, hazlo. Es una experiencia intensa e inolvidable.

Si quieres que alguien ore por ti en la gruta de la Virgen de Lourdes, Francia, puedes hacer el pedido en la página web: lourdes-france.org/es/

TERCERA PARTE

La importancia del apoyo emocional

Mi encuentro con el cáncer se dio una semana después de una operación de vesícula. En la visita postoperatoria, el cirujano me dio la buena noticia: los resultados de las pruebas de laboratorio eran satisfactorios; luego vino la mala noticia.

Mi doctora de cabecera lo había llamado la noche anterior para darle a conocer el resultado de una biopsia de mama que esperaba. El cirujano me comunicó que el examen reveló carcinoma ductal in situ estadio cero en la mama izquierda.

«Es cero, no hay cáncer», dije. «Es cero. No dije que no hay cáncer», respondió. Me explicó que ese tipo de carcinoma se da cuando unas células que revisten a los conductos por donde circula la leche se convierten en cancerosas, pero que no se propagan por las paredes de los conductos hacia el tejido mamario adyacente.

Recordé haber leído artículos sobre algunas expresiones de mujeres que tras recibir el diagnóstico de cáncer de mama se preguntan: ¿por qué a mí? Pensé: ¿por qué no? Mi abuela materna murió a causa de un cáncer de mama. Algunos estudios señalan que el gen anormal puede ser hereditario.

Le pregunté al doctor si podíamos dejar la operación para después de las fiestas de fin de año porque tenía pendiente un viaje a mi país. Me respondió que teníamos que actuar con rapidez porque la situación podía empeorar. La cirugía sería una lumpectomía para extirpar las células malas, no toda la mama.

Al salir del hospital me quebré, no por mí, sino por mi familia. Les conté el diagnóstico y, tras la impresión, me expresaron su apoyo. Periodista al fin, investigué y leí varios artículos sobre cáncer de mama que encontré en Internet.

Al día siguiente conocí a Dale, del grupo de apoyo a pacientes con cáncer que me recomendó el cirujano. Creo que mis lágrimas inundaron la oficina de la señora, le hice tantas preguntas que se dio cuenta de que yo estaba confundida debido a la excesiva cantidad de información. Yo estaba aterrada.

Me explicó el diagnóstico con diagramas médicos, me aseguró que me iría a casa el mismo día de la operación y que después de unas semanas comenzaría el tratamiento de radioterapia.

Dale me entregó un panfleto informativo sobre el cáncer, me dijo que lo leyera, pero que ignorara la página 32. Lo primero que hice fue buscar la página «prohibida» y ella, que me miraba de reojo, dijo: «No creo que vayas a tener cáncer de próstata».

Al terminar la cita me pidió que me calmara, que iba a estar bien y que confiara en las palabras de una sobreviviente de doble mastectomía que superó varios tratamientos de quimioterapia y de radioterapia.

Lloré y le pedí perdón porque me di cuenta de que mi problema no era nada comparado con lo que ella había sufrido.

Días después, yo estaba en el hospital lista para la segunda cirugía en tres semanas. Cuando un enfermero me llevaba hacia la sala de operaciones se detuvo brevemente y allí estaba Dale, como un ángel, vestida con un traje blanco. Se acercó, me tomó de la mano y dijo que estaría conmigo durante la operación.

Sus palabras me tranquilizaron tanto, y yo le estaba tan agradecida, que llegué a las puertas de la sala de operaciones con una sonrisa; reconocí al cirujano detrás de las gafas especiales y la bata quirúrgica y le pedí que me cantara una canción.

Después de la recuperación de la anestesia general, el doctor y Dale me dijeron que la lumpectomía fue exitosa, pero que debíamos esperar los resultados de los exámenes de laboratorio. El cirujano me dio un regalo de Navidad anticipado, dijo que podía viajar a mi país, no sin antes prometerle que me cuidaría mucho.

De regreso de mi viaje, las especialistas me marcaron el pecho para las sesiones diarias de radioterapia. La doctora encargada me informó que las sesiones serían cortas, que la piel del área donde recibiría la terapia se oscurecería poco a poco, y que al cabo de unas semanas me sentiría cansada, no a causa del tratamiento sino debido a la nueva rutina.

Esa temporada conocí a doctores, enfermeras y especialistas que con su empatía ayudaban a las pacientes a enfrentar el cáncer de mama con confianza, esperanza y tranquilidad.

Unos años después recibí una invitación para una fiesta organizada para Dale con motivo de su jubilación. Nunca imaginé el cariño que le tenían tantas pacientes, médicos, enfermeras y personal administrativo.

De la misma manera que Dale me dio confianza para enfrentar el reto y me ayudó a enfrentar mi miedo, mi ángel también marcó las vidas de muchas pacientes porque sabía de primera mano por lo que tuvimos que atravesar.

Tatyana Heredia, periodista

Oración

Señor, te pido que pongas en mi vida a las personas indicadas que puedan ayudarme a llevar mi carga cuando sea necesario. Amén.

Prevención y control

Busca información sobre temas de salud en general. Lee sobre síntomas y diagnósticos. Recuerda hacer una cita para la mamografía o examen de detección del cáncer. Más vale prevenir que lamentar.

> *Para hablar de esperanza a quien está desesperado, es necesario compartir su desesperación; para secar una lágrima del rostro de quien sufre, es necesario unir al suyo nuestro llanto. Solo así nuestras palabras pueden ser realmente capaces de dar un poco de esperanza. Y si no puedo decir palabras así, con el llanto, con el dolor, mejor el silencio; la caricia, el gesto y nada de palabras.*
>
> Papa Francisco

"A mi padre le sostuvo su fe: iba con frecuencia a misa, rezaba el rosario y tenía un reclinatorio en su cuarto donde oraba a solas a Jesús."

Gabriela Vieto

El ejemplo de Jorge

Mi padre tenía 54 años cuando le dijeron que tenía sarcoidosis, una enfermedad inflamatoria de origen desconocido que puede afectar a cualquier órgano. Debido al padecimiento, papá tuvo que soportar fiebres frecuentes, dolores por todo el cuerpo, y vivir en una gran incertidumbre.

Jorge Vieto no se dejó vencer por la molestia e hizo el mayor esfuerzo para llevar a cabo sus actividades diarias. Tenía su propia empresa, le apasionaba lo que hacía y le gustaba conversar con los empleados y con nosotros, sus hijos.

Recuerdo que siempre fue un hombre que disfrutaba de muchos pasatiempos: le gustaba tocar el órgano, llevar sus barquitos de control a distancia a un lago, tocar el acordeón y bailar con Norma, mi mamá y su amada esposa.

Dos años antes de morir, escribió una carta dirigida a sus nietos con instrucciones para la vida. La misiva debía entregarse cuando los nietos cumplieran 15 años. A mi padre le sostuvo su fe: iba con frecuencia a misa, rezaba el rosario y tenía un reclinatorio en su cuarto donde oraba a solas a Jesús.

Después de sufrir durante 19 años con la sarcoidosis, los médicos le diagnosticaron una leucemia aguda. En su último año de vida, papá hizo algunos viajes con el propósito de compartir un tiempo con los suyos.

Un mes y medio antes de fallecer escribió una carta para su funeral. En ella expresaba todo su amor por mí y la familia, y dejaba instrucciones para que sus seres queridos las cumplieran.

El 17 de febrero de 2018, pidió una misa en casa e invitó a las personas que más amaba para despedirse de cada uno de nosotros. Mi papá falleció al día siguiente.

Gabriela Vieto, hija de Jorge

Un ejemplo a seguir

¿Cómo podrías seguir el ejemplo de Jorge?

Puedes orar o rezar el Rosario.

Escuchar misa o un servicio espiritual presencial o virtual.

Escribir cartas o dejar mensajes que expresen tu amor a tus seres queridos.

> *Todos tenemos alguna parálisis física, mental o espiritual y solamente conociendo el amor del Padre podemos superar todo y salir de esas jaulas que nos atrapan. ¡Gracias, Paula, por recordarnos que tenemos que confiar en Jesús siempre!*
>
> Dr. Gerry Sotomayor,
Ginecólogo

> Te puedo asegurar que tu enfermedad es un vehículo para la evangelización y en ella descubrirás tu misión.

Paula Umaña

La rampa de la alegría

Mi historia con Pipo comenzó cuando una amiga me invitó a su casa por primera vez y al llegar allí quedé sorprendida al ver que en la vivienda había una rampa. Digo que me causó sorpresa porque, para una persona con discapacidad y en silla de ruedas como yo, no era frecuente encontrar una rampa en una casa común.

Le pregunté a mi amiga sobre el motivo de la rampa y me comentó que era por su suegro, un señor cubano conocido como Pipo, que vivía en el segundo piso y que estaba muy enfermo. Le dije que me gustaría conocerlo. Cuando entré a la habitación, Pipo se sorprendió al ver a una mujer joven en silla de ruedas.

Mi nuevo amigo era muy reservado así que decidí cantarle canciones cubanas de antaño que le recordaban su infancia. Llegué a encariñarme con él y observé que me prestaba atención cuando le hablaba de Dios. Durante mis visitas posteriores, Pipo hablaba y sonreía para alegría de su enfermera que vio una mejoría tanto en la salud como en el ánimo del paciente.

Me di cuenta de que cuando yo llegaba a la casa Pipo estaba triste y que luego, al finalizar la visita, su rostro irradiaba felicidad. Su corazón estaba lleno de alegría.

Al conocer a Pipo descubrí un gran propósito de amor y evangelización. Te puedo asegurar que tu enfermedad es un vehículo para la evangelización y en ella descubrirás tu misión.

Paula

Mantente alerta

Aprende a reconocer las necesidades espirituales de las personas a tu alrededor y así podrás tocar sus corazones.

Virginia Hidalgo H.

"*Jesús, perdona mis pecados. Entra en mi corazón. Quiero que seas mi Señor y mi salvador.*"

Amén.

La rampa que nos lleva al cielo

La vida de mi amigo Pipo se apagó poco a poco. Un día, cuando él estaba muy mal y yo me dirigía a su casa para hablarle de Dios y de la muerte, me comenzó a temblar el cuerpo.

Una vez en la casa y con mucho amor le dije: «Pipo vas a morir. ¿Quieres preparar tu corazón para Dios? ¿Quieres pedirle perdón por tus pecados?». Él asintió con la cabeza y dijo que sí. Hicimos una oración para que entregara su corazón al Señor; también aceptó la visita de un sacerdote para que le pusiera los santos óleos y le diera la comunión.

Días después, de madrugada, desperté con cierta angustia y, debido a que no podía conciliar el sueño, me puse a orar. A las seis de la mañana recibí un mensaje de texto en el que su familia me comunicaba que Pipo había fallecido horas antes.

Pipo falleció seis meses después de nuestro primer encuentro.

Recuerda que lo más importante para un enfermo es saber con certeza su destino cuando ya no esté entre sus seres queridos.

Si estás enfermo recuerda que Jesús ha abierto el camino para que pongas en Él tu fe y estés seguro de que un día estarás en su presencia.

Paula

Habla sobre la muerte

Sabemos que todos vamos a morir algún día, habla con tus seres queridos directa y claramente de la muerte. Aclara tus asuntos personales, pide perdón y perdona. Prepárate espiritualmente para la vida eterna.

Oración

Jesús, perdona mis pecados. Entra en mi corazón. Quiero que seas mi Señor y mi salvador.

Amén.

Recurso

El sacramento de la unción de los enfermos tiene mucho poder para dar alivio y salvación.

Cuatro palabras

Meses antes de que se me revelara, yo no sentía a Dios. Pensaba que estaba callado y ese silencio me hacía sentir como un árbol seco, incapaz de dar frutos.

La madrugada de un día de marzo de 2015, cuando estaba en una cama de hospital, resonaron en mi corazón cuatro palabras: «Yo soy tu certeza».

En ese momento no tenía idea de la importancia que dichas palabras tendrían para sostenerme espiritualmente los días posteriores.

Me diagnosticaron cáncer de páncreas inoperable con metástasis en los pulmones. Los médicos me dijeron que me quedaban de tres a seis meses de vida. La noticia me estremeció y también a mi familia.

En un caso así se vislumbran dos puntos de vista: el humano y el divino. Recordé el mensaje: «Yo soy tu certeza». —¿Certeza de qué?, me pregunté. Luego comprendí que se trataba de una certeza de amor, de cuidado, de estar preparado, de sentir la presencia de un Dios que tiene nuestra suerte en sus manos.

Esas cuatro palabras fueron mi apoyo en los momentos oscuros en mi vida, cuando el dolor y la tristeza intentaron apoderarse de mi fe.

Cada latido me recuerda esas cuatro palabras maravillosas: «Yo soy tu certeza».

Ana Polini falleció el 7 de marzo de 2017.

Repite esta oración

Jesús, tú eres mi certeza. Gracias porque tengo la seguridad de que confío en ti. Encontraré ánimo y fuerzas para avanzar en medio del sufrimiento. Gracias, Dios, porque me has hecho parte de tu reino por medio de Jesús. Amén.

> «"Yo soy tu certeza». —¿Certeza de qué?, me pregunté. Luego comprendí que se trataba de una certeza de amor, de cuidado, de estar preparado, de sentir la presencia de un Dios que tiene nuestra suerte en sus manos"».
>
> Ana Polini

¿Qué pintaría Dios?

"*Cuando abandonamos nuestros temores a Dios y a su voluntad recibimos paz y coraje para soportar todo lo que se nos presente.*"

Sally

Un lienzo blanco

Un capítulo de mi historia de salud crónica tiene que ver con la pérdida de unas muelas en la mandíbula inferior debido a una infección ósea. Mi plan era librarme de infecciones, prepararme para una prótesis removible y, finalmente, una operación de implante dental.

Después de muchos retrasos llegó el día de la cita con el periodoncista para comenzar el tratamiento. Por desgracia, las radiografías le dieron la pauta al especialista en encías que antes del proceso previsto era necesaria otra cirugía y muchos meses de curación. Mi decepción fue enorme.

Ese mismo día tenía prevista una visita al endocrinólogo a quien le conté el motivo de mi tristeza y desesperación. El doctor, que también había pasado por sufrimientos parecidos, me aconsejó que recordara a los personajes del Libro de los Salmos.

Una segunda opinión médica me devolvió el alma al cuerpo porque me dijeron que no era necesaria una operación adicional y mi cirugía de implantes dentales resultó un éxito.

Cuando abandonamos nuestros temores a Dios y a su voluntad recibimos paz y coraje para soportar todo lo que se nos presente.

Sally

Oración

Señor, me ofrezco a ti como un lienzo blanco.

No me voy a preocupar por lo que elijas pintar.

Enséñame en cada momento a aceptar tus pinceladas. Amén.

> ¿Qué vas a hacer mamá? ¿Vas a quedarte en esa cama llorando? Necesitas vivir tu vida, vivirla con lo que tienes disponible en tu cuerpo, si es una pierna o solo un brazo. Vive tu vida con lo que tienes disponible y sigue adelante.

Marie Sautre

Deja de sentir lástima por ti mismo

Una importante cita médica en un centro especializado en enfermedades neuromusculares en Tennessee, Estados Unidos, me dejó con el espíritu abatido y la moral por los suelos. El especialista me dijo que, como iban las cosas, yo no volvería a caminar.

En el viaje de regreso a casa pensé en mi familia y en la crianza de mis hijos.

No podríamos salir a pasear tomados de la mano. Tendría que decir adiós a la vida activa que solía tener a diario, a mis estudiantes de tenis y los torneos que organizaba. Me sentí abrumada, necesitaba llorar, desahogarme con alguien.

No elegí a mi esposo ni a mi hermana ni a un amigo, decidí hablar con mi hija de 15 años. En casa, Marie entró en mi habitación y empecé a llorar. Marie, le dije, el doctor dice que no podré volver a caminar, no ve ningún avance en mi estado.

Mi hija adolescente me miró y me dijo una frase que nunca olvidaré: «¿Qué vas a hacer mamá? ¿Vas a quedarte en esa cama llorando? Necesitas vivir tu vida, vivirla con lo que tienes disponible en tu cuerpo, si es una pierna o solo un brazo. Vive tu vida con lo que tienes disponible y sigue adelante».

Mi alma se llenó de valor y, pese a mi discapacidad física, decidí abrir mi propia academia de tenis.

Paula

Aplicación

Por muchos golpes que recibas, no sientas lástima por ti mismo. Llénate de coraje y sigue adelante.

Haz una lista de todo lo bueno que te ha dado la vida y lo que puedes hacer con lo que tienes.

> *Diez años después del accidente, me atrevo a decir que Dios tenía un plan reservado para mí.*
>
> Natalia Vindas

La vida es como las olas

Terminé parapléjica debido a un accidente automovilístico y ahora utilizo una silla de ruedas para ir de un sitio a otro. Después de un tiempo difícil adaptándome a mi realidad descubrí, gracias a un amigo, un gran propósito: el surf.

Soy embajadora para los derechos de las personas con discapacidad y llegué a ser una de las mejores competidoras del mundo en surf adaptado.

Encontré la manera de regalar felicidad a aquellos con discapacidad, enseñándoles a disfrutar de la naturaleza gracias a las transformaciones hechas en lugares turísticos con el fin de que sean accesibles.

Diez años después del accidente, me atrevo a decir que Dios tenía un plan reservado para mí.

Cuando estoy surfeando, cada vez que viene una ola, tengo que hacer un esfuerzo extraordinario para moverme desde la espuma hasta la línea de surf. Si pillo la ola equivocada, de la misma manera que cuando tomo malas decisiones, puedo terminar revolcada. Mas si agarro la correcta, miro hacia adelante, me siento realizada.

Natalia Vindas, Medalla de bronce, Mundial de Surf Adaptado 2017

Ejercicio

Al igual que el mar, la vida es variable y llena de retos. Aprende a adaptarte, toma una ola a la vez y disfrútala.

El optimismo es la creencia que conduce al éxito. Nada puede hacerse sin esperanza ni confianza.

Helen Keller

> *Hoy soy una mujer libre, fuerte, valiente y sé quién soy. Mi identidad está llena de Dios, tengo paz y plenitud.*
>
> Maureen Valverde

«Nada te turbe»

A lo largo de 25 años sufrí abuso sexual, agresiones psicológicas y espirituales por parte de un familiar cercano. Esas malas experiencias me dejaron secuelas como ataques de pánico, ansiedad, depresión, terror nocturno, adicciones, miedo a la vida e intentos de suicidio.

Para tratar mis heridas emocionales me sometí a tratamientos psicológicos y psiquiátricos y tomé todo tipo de medicamentos.

En su desesperación por mi estado de salud, mis padres, que desconocían mi calvario, hablaron con un sacerdote que les recomendó el Método Peniel, un proceso psicoespiritual para superar los problemas emocionales.

Al ver a mis padres tan angustiados, y después de ver unos videos de testimonios, decidí intentarlo, aunque no tenía mucha fe. Grande fue mi sorpresa cuando al cabo de dos meses de reuniones con una facilitadora me sentí mejor mental y espiritualmente.

Hoy soy una mujer libre, fuerte, valiente y sé quién soy. Mi identidad está llena de Dios, tengo paz y plenitud.

Maureen Valverde

Si esta historia resonó contigo y deseas más información visita la cuenta MétodoPENIEL, en Facebook.

Memoriza

Nada te turbe

Nada te turbe,

nada te espante,

todo se pasa,

Dios no se muda;

la paciencia todo lo alcanza;

quien a Dios tiene

nada le falta:

Solo Dios basta.

Santa Teresa de Ávila

> *Cierra tu puerta sobre ti y llama a tu amado Jesús; permanece con Él en tu aposento, que no hallarás en otro lugar tanta paz.*
>
> **Tomás de Kempis**

"Cambié y ahora me entrego a Dios desde que abro los ojos hasta que los cierro."

Corey Wavle

El camino de la adicción a la conversión

Me diagnosticaron diabetes tipo 1 a los 18 años y los médicos no pudieron decirme el origen de la enfermedad.

Los resultados de los exámenes llegaron en un momento muy difícil en mi vida debido a que era adicto a la pornografía, las drogas y sufría de depresión. Vivía resentido con el mundo, mi familia, conmigo mismo y con Dios.

Era una persona emocional, física y espiritualmente inestable. Me aparté de las personas que se preocupaban realmente por mí, pero Dios no me abandonó. Me di cuenta en lo más profundo de que aún había esperanza.

Al cumplirse cuatro años del diagnóstico dejé de ignorar mi diabetes y comencé a enfrentar mis miedos. Cambié y ahora me entrego a Dios desde que abro los ojos hasta que los cierro.

Encontré seguridad en Jesucristo y en la Palabra de Dios. Quererme a mí mismo me ayudó a descubrir una conexión interpersonal terapéutica, un vínculo con Dios padre, con mis familiares y mis semejantes.

Corey Wavle, hijo de Dios

Doce claves para superar las adicciones

Soy débil, mi vida es ingobernable sin Dios.

Solamente Dios me puede sanar.

Pongo mi voluntad y mi vida en manos de Dios.

Hago un inventario moral de mí mismo sin miedos.

Reconozco mis errores ante Dios y los demás.

Estoy dispuesto a que Dios elimine todos mis defectos de carácter.

Pido a Dios humildemente que me rescate de mis defectos.

Hago una lista de las personas a las que he ofendido y estoy dispuesto a reparar mi falta.

Reparamos al prójimo excepto cuando al hacerlo lo perjudicamos.

Hago un inventario personal y cuando me equivoco lo acepto.

Estoy con Dios a través de la oración. Pido conocer su voluntad y tener la fortaleza para cumplirla.

Llevaré este mensaje a los adictos al haber obtenido un despertar espiritual como resultado de estas 12 claves.

CUARTA PARTE

El poder de la sangre de Cristo

Llevaba varios días sintiéndome muy indispuesta, con temperatura alta, debilidad, dolor de cabeza y confusión. Me levanté para ir al baño y mientras estaba sentada en el inodoro llamé a Marina, la joven que me ayuda en la casa.

Le dije que no sabía lo que me pasaba, que no me sentía bien. Según me contó Marina, después de esas palabras los ojos se me pusieron en blanco, el lado izquierdo de la cara lucía como colgado y me desmayé.

Cuando reaccioné, Marina me tenía en sus brazos y clamaba a Jesús con todas sus fuerzas. Confundida y temerosa de que nunca más me vería despierta, gritaba: «La sangre de Cristo tiene poder, Jesús es el doctor por excelencia. La sangre de Cristo tiene poder, Jesús es el doctor por excelencia».

Nunca olvidaré la sensación de paz y amor que sentí al reaccionar del desvanecimiento. Lo primero que le dije a Marina fue que había disfrutado desmayarme por el amor que sentí que me habían dado ella y Cristo.

Paula

> Si está enfermo, que llame a los presbíteros de la Iglesia, para que oren por él y lo unjan con óleo en el nombre del Señor. La oración que nace de la fe salvará al enfermo, el Señor lo aliviará, y si tuviera pecados, le serán perdonados.
>
> **Santiago 5, 14-15**

Recurso

Cuando te sientas enfermo o angustiado clama a Dios con tu corazón y di: «La sangre de Cristo tiene poder, Jesús es el doctor por excelencia».

> *Si está enfermo, que llame a los presbíteros de la Iglesia, para que oren por él y lo unjan con óleo en el nombre del Señor. La oración que nace de la fe salvará al enfermo, el Señor lo aliviará, y si tuviera pecados, le serán perdonados.*
>
> **Santiago 5, 14-15**

San José te protege

Me preparaba para ordenarme sacerdote católico cuando, de repente, empecé a sentir dolores de cabeza insoportables que derivaron en migrañas. Cada vez que sentía los síntomas comenzaba el miedo y trataba de hacer todo lo posible para evitar el dolor.

Estuve así hasta que me di cuenta de que lo mejor que podía hacer por mí mismo era aceptar el comienzo de los síntomas y retirarme de las actividades previstas para descansar en mi habitación. Aceptar la migraña con tranquilidad me ayudó a sentirme mejor mucho más rápido.

Años después, como sacerdote, un día me encontraba rezando una novena a san José para pedirle por mi salud cuando sentí un dolor tan intenso que terminé en el servicio de urgencias donde me diagnosticaron una piedra en la vesícula y también una diabetes bastante avanzada.

Sentí que el santo me protegió porque la visita al hospital por la vesícula me ayudó a darme cuenta de que tenía que vigilar mi salud y mi alimentación. No soy amigo de las agujas y no deseaba usar insulina.

La experiencia me ayudó a darme cuenta de que el padre terrenal de Jesús nos ayuda ante cualquier dificultad, es el santo por excelencia después de la Virgen María, y está dispuesto a colaborarnos en lo que necesitemos.

Anónimo, Estados Unidos

Pide ayuda

Cuando venga el dolor acéptalo con tranquilidad y pide a san José que te ayude.

Nos preocupamos por la salud física, pero la prioridad debe ser la salud espiritual.

"Nos preocupamos por la salud física, pero la prioridad debe ser la salud espiritual."

Virginia Umaña

"*Aunque cruce por oscuras quebradas, no temeré ningún mal, porque tú estás conmigo: tu vara y tu bastón me infunden confianza.*"

Salmo 23, 4

Tu palabra me sostiene

Hace unos años, una enfermedad autoinmunitaria conocida como pénfigo superficial me causó ampollas y llagas en la piel.

El mal me producía una picazón incontrolable así como brotes, hinchazón y grietas. Durante más de tres meses sufrí un escozor por el cuerpo que no me dejaba dormir. Mi piel estaba llena de lesiones que hasta el roce de la sábana de algodón me causaba dolor. Fueron momentos sumamente difíciles en mi vida.

Para hacer frente a tantas noches de tortura, repetía tres versículos bíblicos que los guardaba en mi mente y en mi corazón. Gracias a Dios, hoy estoy noventa por ciento recuperada de la enfermedad.

Georgina Umaña, líder cristiana

Palabras de vida

Aunque cruce por oscuras quebradas, no temeré ningún mal, porque tú estás conmigo: tu vara y tu bastón me infunden confianza.

Salmo 23, 4

Porque hiciste del Señor tu refugio y pusiste como defensa al Altísimo.No te alcanzará ningún mal, ninguna plaga se acercará a tu carpa.

Salmo 91, 9-10

Hermanos, alégrense profundamente cuando se vean sometidos a cualquier clase de pruebas, sabiendo que la fe, al ser probada, produce la paciencia. Y la paciencia debe ir acompañada de obras perfectas, a fin de que ustedes lleguen a la perfección y a la madurez, sin que les falte nada.

Santiago 1, 2-4

Aplicación

Utiliza los versículos mencionados como recursos para hacer frente a los momentos de dolor y angustia.

> *Aunque el mundo está lleno de sufrimiento, también está lleno de superación.*
>
> Helen Keller

Después de la tormenta

Una invitación para dar una charla sobre «La esperanza en medio del sufrimiento» me permitió contar mi experiencia con la cuadriplejia y el largo camino para recuperar la movilidad corporal.

Cuando subí al estrado y me presenté ante decenas de mujeres me sentí empoderada. Mi mensaje se basó en las maneras de manejar el sufrimiento en la enfermedad. Estaba convencida de que era la persona que más sabía del tema y de que lo dominaba.

Cuatro días después de la conferencia, me puse muy mal y terminé en el servicio de urgencias de un hospital. Me dijeron que tenía neumonía y me aislaron de inmediato. Estuve allí tres días y durante ese tiempo no pude pronunciar la palabra Jesús.

Me sentía mal y débil. No podía mirar al cielo para elevar una plegaria ni tenía el ánimo para prestar atención al consejo de algún familiar o amigo.

Comprendí que soy un ser humano vulnerable, que cometo errores y que hay días en los que, simplemente, no puedo hablarle a Dios.

Si tienes esos días en los que te sientes desesperado, abandonado, sin ganas de recibir consejo, apoyo u oración, no te aflijas. Somos seres humanos. Recuerda que después de la tormenta viene la paz.

Paula

> Él les respondió: '¿Por qué tienen miedo, hombres de poca fe?'. Y levantándose, increpó al viento y al mar, y sobrevino una gran calma.
>
> **Mateo 8, 26**

Oración

Gracias, Señor, porque después de la tormenta siempre viene la paz.

> *Él les respondió: '¿Por qué tienen miedo, hombres de poca fe?'. Y levantándose, increpó al viento y al mar, y sobrevino una gran calma.*
>
> **Mateo 8, 26**

"Vivo para Cristo, no tengo más el control de lo que pasará cada día con mi María. Lo que sí sé es que me entrego a las manos del Señor por completo y en absoluto abandono en Él."

Beth Borés, madre de María

Vivo para Cristo

Cuando mi hija María tenía 12 años recibí una llamada telefónica de su escuela para decirme que había sido trasladada a un hospital psiquiátrico debido a una emergencia. En el colegio me contaron que mi hija tenía marcas de automutilación en los brazos. Desde entonces, mi familia ha vivido años de angustia.

María ha intentado quitarse la vida varias veces, su cuerpo está lleno de cicatrices del daño que se ha hecho a causa de las experiencias traumáticas durante su niñez y adolescencia. En estos ocho años, mi hija ha sido ingresada varias veces en hospitales psiquiátricos.

A pesar de atravesar por esta situación y ser madre de siete hijos, en 2014 fui a un retiro espiritual que cambió mi vida, así como la manera de llevar este sufrimiento tan grande y doloroso.

Aprendí a, simplemente, no vivir más por mis deseos ni mis preocupaciones o mi dolor. Vivo para Cristo, no tengo más el control de lo que pasará cada día con mi María. Lo que sí sé es que me entrego a las manos del Señor por completo y en absoluto abandono en Él.

Aprendí a orar y a no pedir por mí. Comencé a centrarme en un Dios grande y poderoso. Adorarlo y glorificarlo son algunas de las cosas que más disfruto. Cuando pongo música de alabanza levanto mis brazos y me abandono en el día a día.

Con diagnóstico de trastorno limitado de personalidad, en la actualidad María está en casa y prueba un nuevo tratamiento. Por mi parte, me dedico cien por ciento a su cuidado con todo mi corazón y amor de madre.

Beth Borés, Barcelona, España

Un retiro espiritual cambiará tu vida.

Ejercicio

Utiliza la música como un medio para que te ayude a sobrellevar el sufrimiento. Alabar a Dios te hace saber que Él es el soberano.

> *Descubrir a Jesús a nuestro lado y poder verlo de Cruz a Cruz compartiendo y entendiendo nuestro dolor, es uno de los Dones que recibes al entrar en la aventura de leer este libro.*
>
> **Martín Valverde, Cantautor**

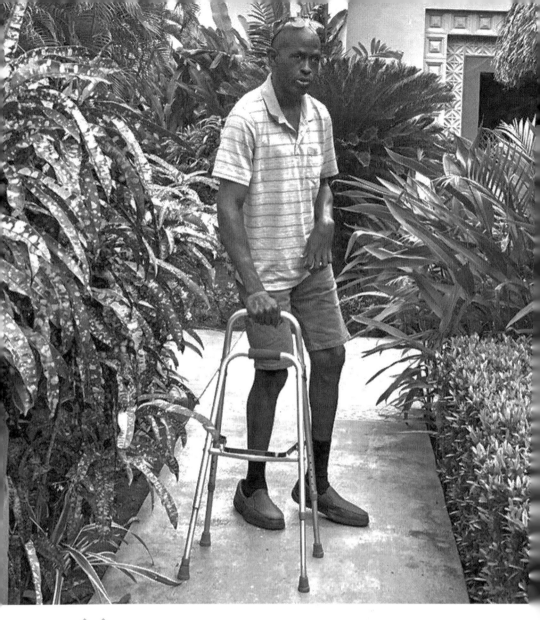

“ *Tengo abierta sobre mi cama una Biblia que leo de día y de noche y, aunque en un principio me costaba mucho entender, el Espíritu Santo me ayudó a comprenderla.* ”

Lloyd Hickinson

El tesoro de Lloyd

Nací con una enfermedad conocida como células falciformes, una afección genética de los glóbulos rojos. Durante mi infancia y mi adolescencia pasé la mitad del tiempo en el hospital donde me ponían morfina para paliar el dolor que me producía el mal.

Angélica, mi madre, siempre me decía: «Eres un niño de Dios, eres un niño de Dios». Una tarde, cuando tenía 19 años, estaba en un centro comercial de Texas y vi que varias personas oraban congregadas en una especie de círculo. Me acerqué con curiosidad, me hablaron de Jesús y me invitaron a su iglesia. Así conocí al hijo de Dios.

A mis 53 años sufrí un derrame cerebral y desde entonces tengo la mitad del cuerpo dañado. Hoy vivo solo en un apartamento en Aruba. A menudo, mis limitaciones físicas me producen frustración y soledad. Sin embargo, Jesús me llena de paciencia y de coraje. Mi tesoro más grande es haber encontrado la palabra de Dios.

Tengo abierta sobre mi cama una Biblia que leo de día y de noche y, aunque en un principio me costaba mucho entender, el Espíritu Santo me ayudó a comprenderla. En ella encontré el consuelo y la paz que necesito.

Mi versículo favorito es el de Jeremías 29, 13 que dice: *«cuando me busquen, me encontrarán, porque me buscarán de todo corazón»*.

Lloyd Hickinson, San Nicolás, Aruba

El tesoro

En formato de libro o de audio, la Biblia es el mejor recurso que puedes utilizar para consolar tu alma. La palabra de Dios es viva y poderosa.

> *Los hijos son el motor que nos motiva más allá de nuestras propias fuerzas.*
>
> Liliana García Barkes

Clarita me bailó

Llegué al servicio de urgencias de un hospital después de varios días con fiebre y de sufrir un desmayo en casa. Tras los exámenes de rigor y una tomografía me dijeron que tenía neumonía y terminé internada. Me sentía terriblemente mal, me dolían los músculos y el cuerpo, pero lo que más me desesperaba era estar confinada en un cuarto.

Aunque semanas después me enteré de que estaba infectada por el virus causante de la covid-19, mi encierro me causó tal desesperación que era incapaz de orar y no tenía paz interior.

En ese estado de angustia recibí en mi celular el primero de unos videos cortos de mi hija Clara en el que bailaba mientras se lavaba las manos y hacía chistes alusivos a mi enfermedad. Por unos segundos olvidé mis aflicciones y me reí a carcajadas con ese y otros videos acompañados de música. Felicitée, Ana Cecilia y Charles, mis hijos menores, se comunicaron conmigo por videollamada y me dijeron que me amaban y me echaban de menos.

Los hijos son el motor que nos motiva más allá de nuestras propias fuerzas.

Paula

Recursos virtuales de amor

Utiliza las videollamadas, las aplicaciones o cualquier recurso tecnológico para mantener la comunicación con tus seres queridos. El amor te ayudará a manejar el dolor y el sufrimiento.

> *Recuerda que podemos lograr todo lo que nos propongamos. Cada uno de nosotros conoce su propia fuerza para triunfar.*
>
> Juan Maggi

Conquista tu Himalaya

Cuando tenía un año me diagnosticaron polio, una enfermedad viral que causa debilidad muscular, parálisis y afecta las habilidades motoras.

Mi infancia estuvo llena de retos, pero también de amor y diversión. Al llegar a la adolescencia mi actitud cambió y llegué a odiar mi cuerpo y mi discapacidad. Me alimentaba de comida chatarra, fumaba y bebía alcohol hasta que un día, a los 37 años, me dio un ataque al corazón. Sentí que la vida me envió una señal de advertencia.

Decidí reinventarme por completo, puse mi energía y fe para llegar a ser un atleta de bicicleta de mano de alto rendimiento. Logré cumplir dos de mis sueños más grandes: participar en la maratón de Nueva York y llegar a la cima del Himalaya en una bicicleta de mano, con mucho esfuerzo, paciencia y toneladas de equipo.

Recuerda que podemos lograr todo lo que nos propongamos. Cada uno de nosotros conoce su propia fuerza para triunfar.

Juan Maggi, Córdoba, Argentina

¿Cuál es tu reto?

Lo importante y decisivo en la vida no es lo que nos pueda pasar, sino la actitud que asumimos ante lo que ocurra. ¡No te pongas límites!

> *Por Su Dolorosa Pasión, ten misericordia de nosotros y del mundo entero.*

La oración de la Divina Misericordia

Tenía 36 años cuando por primera vez oí la oración de la Divina Misericordia, las plegarias para la curación y la conversión del espíritu de los enfermos y de los moribundos reveladas a la religiosa polaca Faustina Kowalska.

Uno puede rezar la oración a diferentes horas del día, pero se recomienda hacerlo a las tres de la tarde porque, según la devoción, es «la hora de la misericordia». La Fiesta de la Divina Misericordia se celebra el segundo domingo de Pascua.

Hace 15 años, mi vida estaba llena de angustia y sin paz debido al alcoholismo y las agresiones psicológicas de parte de mi esposo.

En una de las ocasiones en las que mi esposo desapareció porque se fue a tomar, encendí el televisor y comencé a cambiar los canales hasta que me detuve en uno católico que transmitía unos rezos. Mi hija Ariana, quien ese entonces tenía cuatro años, empezó a repetir la canción de la plegaria.

Los tres días posteriores, a las tres de la tarde, sintonicé el canal para escuchar la oración. El viernes de esa semana fui a una iglesia para rezar ante el Santísimo Sacramento. Oré con un mucho sentimiento, le pedí al Señor que ayudara a mi marido. Hugo dejó de embriagarse poco después y ya lleva 14 años sobrio.

Mi esposo y yo nos consideramos adoradores del Santísimo Sacramento del altar de la Divina Misericordia. Me dedico a visitar a los enfermos y agonizantes para que con la oración encuentren la paz de Dios.

Evelyn Castro, servidora para difundir la Divina Misericordia

Aplicación

Busca más información sobre la oración de la Divina Misericordia, puedes rezarla por ti y por los demás. Es muy útil y poderosa.

> "En estas breves narraciones encuentro historias de vida, de gente común, como tú y como yo, que me ayudan a valorar la experiencia de los demás, su fortaleza, y cómo el testimonio de otros puede ayudarnos a recuperar la esperanza y de ver que no todo está perdido."
>
> **Vicky Cabral Catequista**

"*Ganarás el pan con el sudor de tu frente, hasta que vuelvas a la tierra, de donde fuiste sacado. ¡Porque eres polvo y al polvo volverás!*"

Génesis 3, 19

Mi visita al umbral

El deporte ha sido una actividad constante en mi vida. Crecí jugando en la plaza del pueblo de Turrialba y nadando en el río Torres, Costa Rica.

A los 30 años, me hice tenista. Con más de 40 años, padre de siete hijos, resolví que si no me cuidaba no tendría el carácter, la fuerza ni la tolerancia para criar y mantener a una familia numerosa.

Me interesé en el ciclismo y compré una motocicleta. A los 68 años decidí emprender una aventura sobre ruedas por Centroamérica, me uní a un grupo de motociclistas que partió de Costa Rica y llegó a Guatemala.

En el camino de regreso sufrí un accidente grave en Honduras que me causó el desprendimiento de las venas mesentéricas, fracturas de costillas, pelvis y un brazo. Durante la operación, mi presión arterial bajó a cero por cinco minutos, pero mi corazón siguió latiendo.

En la cirugía tuve una experiencia extracorpórea, sentí salir de mi cuerpo y entrar en el umbral de la muerte. Me vi como espectador de mi propia operación. La enfermera decía: «¡Lo estamos perdiendo!». Yo me reía y me decía a mí mismo: «Todavía no ha llegado mi hora».

Con la luz al fondo del túnel pude ver de lejos a mi madre Lucrecia y me entró una paz indescriptible, una felicidad plena donde no existía el tiempo ni el espacio.

Comprendí que morir es bonito, perdí el miedo y esa sensación de incertidumbre. El instinto de conservación es muy fuerte, pero la muerte es una transición entre distintos planos. Creo que no debemos preocuparnos porque es una sensación maravillosa.

A mis 90 años después de superar una operación de vesícula, un infarto y cáncer en un ojo disfruto de la compañía de mi esposa Virginia, nietos y bisnietos. Además, cada martes y jueves me divierto jugando al tenis con mis amigos del grupo conocido como *Los mudos*.

Dr. Carlos Umaña Gil, padre de Paula

No tengas miedo a la muerte

Sabemos por nuestra fe que la partida final no es más que un cambio de casa.

Visualiza esa partida que algún día te llevará a la casa eterna.

Si tu fuerza física te lo permite, integra el ejercicio a tu vida, pues te traerá beneficios.

> Ganarás el pan con el sudor de tu frente, hasta que vuelvas a la tierra, de donde fuiste sacado. ¡Porque eres polvo y al polvo volverás!
>
> **Génesis 3, 19**

"Empieza haciendo lo necesario; luego haz lo que sea posible; y de repente estarás haciendo lo imposible."

San Francisco de Asís

"*¡Cuando hay voluntad, hay un camino!*"

Paula Umaña

Busca una salida

Diagnóstico: atrofia muscular en las manos, ceguera legal y paraplejia. Sentencia médica: usar silla de ruedas y no poder trabajar como profesora de tenis.

Ante la adversidad, la vida me enseñó a no dejarme avasallar, a buscar soluciones frente a los retos que se presentan cuando tenemos una discapacidad.

La incertidumbre, las interminables horas de terapia física y los tratamientos médicos me tenían en un túnel y el miedo se apoderó de mí. El recorrido para salir de ese callejón fue muy difícil y tuve que buscar las maneras de seguir adelante. Mi luz de esperanza era la fe en Dios. Mis hijos, mi esposo y mi familia eran mi motor.

Cuando necesitaba moverme de la silla de ruedas a la cama utilizaba una tabla por la que me deslizaba de un sitio a otro. Para caminar, por milagro de Dios, conseguí unos dispositivos especiales con los que me desplazo y me siento libre.

Aprendí a bailar sujetada por el cinturón de una faja a los barrotes de las gradas para no caer. Soy feliz tocando los bongós y me entretengo haciendo música.

Pese a que legalmente soy ciega, me adapté a manejar un vehículo poniéndome unos anteojos bióticos y uso controles manuales de conducción. Contra todos los pronósticos regresé a las canchas para enseñar tenis desde un triciclo motorizado.

Comencé a impartir conferencias de motivación y a escribir. En estas actividades cuento mis experiencias con el fin de alentar a muchos a manejar el sufrimiento. Estos cambios son resultado del esfuerzo de muchos años y de vencer el temor que nace cuando uno intenta hacer algo nuevo. Mis padres me enseñaron a ser valiente y resiliente. A sus 90 años, Carlos aún juega al tenis; Virginia siempre halló la manera de salir adelante con sus siete hijos.

Mis logros recientes también han sido posibles gracias al apoyo de terapeutas, a la cooperación de organizaciones como la Orden de Malta, que hizo posible mi peregrinaje al Santuario de la Virgen de Lourdes, en Francia, y a la ayuda económica de amigos y familiares generosos.

Frente a una enfermedad o aflicción tendemos a sumar limitaciones, el temor se multiplica, perdemos la ilusión. Mi experiencia me lleva a decirles que hay esperanza, que podemos sobrellevar los retos que nos presenta la vida. ¡Cuando hay voluntad, hay un camino!

No dejes que nada ni nadie te roben tus sueños.

Paula

Hay un camino

Si la tristeza, decepción o frustración te invaden porque ya no puedes hacer algunas cosas, pídele al Espíritu Santo alternativas que te hagan sentir bien contigo mismo.

Con la ayuda de tus amigos y familiares busca recursos económicos para financiar los cambios necesarios en tu nuevo estilo de vida.

Referencias

American Cancer Society. (18 de septiembre de 2019). [Internet]. *Treatment of Ductal Carcinoma in Situ (DCIS)*. Estados Unidos. [consulta 19 de febrero de 2021]. Obtenido de: https://www.cancer.org/cancer/breast-cancer/treatment/treatment-of-breast-cancer-by-stage/treatment-of-ductal-carcinoma-in-situ-dcis.html

Basílica de Nuestra Señora de Los Ángeles. [Internet]. Cartago, Costa Rica. [consulta diciembre de 2020]. Obtenido de: https://www.santuarionacional.org/

Carratalá, F. (Enero–febrero de 2015). *La obra poética de Teresa de Ávila*. Apuntes de Lengua y Literatura En el V Centenario del Nacimiento de Santa Teresa, Madrid. [consulta 9 de febrero de 2021]. Obtenido de: https://www.cdlmadrid.org/wp-content/uploads/2016/02/apuntes-lengua-0115.pdf

Centros para el Control y Prevención de Enfermedades. [Internet]. Departamento de Salud y Servicios Humanos de Estados Unidos. Obtenido de: https://www.cdc.gov/spanish/index.html

Fernández Piera, Juan María. *El Kempis del enfermo: Guía breve para vivir la enfermedad*. Ediciones Sígueme. Salamanca, España 2007.

Fundación Christopher & Dana Reeve. [Internet]. Servicios internacionales en español. Estados Unidos. Obtenido de: https://www.christopherreeve.org

Fundación Esclerosis Múltiple. Observatorio Esclerosis Múltiple. (21 de junio de 2019). [Internet]. *¿Cuáles son los síntomas de la esclerosis múltiple?* Revisado por: Patricia Mulero. Col·legi de Metges de Catalunya (colegiada número 51.938). Barcelona, España. [consulta 8 de febrero de 2021].

Obtenido de: https://www.observatorioesclerosismultiple.com/es/la-esclerosis-multiple/cuales-son-los-sintomas/cuales-son-los-sintomas-de-la-esclerosis-multiple/

Fundación Esclerosis Múltiple. Observatorio Esclerosis Múltiple. (11 de mayo de 2020). [Internet]. *La depresión en personas con esclerosis múltiple*. Barcelona, España. [consulta 8 de febrero de 2021]. Obtenido de: https://www.observatorioesclerosismultiple.com/es/vivir/aspectos-psicologicos/la-depresion-en-personas-con-esclerosis-multiple/

In-pacient.es. (28 de mayo de 2015). [Internet]. *Los trastornos del habla percibidos por el paciente de EM no siempre se corresponden con la valoración del especialista*. España. [consulta 8 de febrero de 2021]. Obtenido de: https://www.in-pacient.es/noticia/los-trastornos-del-habla-percibidos-por-el-paciente-de-em-no-siempre-se-corresponde-con-la-valoracion-del-especialista/

Institutos Nacionales de la Salud. [Internet]. Bethesda (MD). Estados Unidos. Obtenido de: https://salud.nih.gov/

Instituto Nacional del Ojo. [Internet]. Bethesda (MD). Institutos Nacionales de la Salud. Estados Unidos. (10 de julio de 2019) *La baja visión*. [consulta 9 de febrero de 2021]. Obtenido de: https://www.nei.nih.gov/learn-about-eye-health/en-espanol/la-baja-vision

Keller, Helen. *Optimism. An Essay*. Publicado en noviembre de 1903. D.B. Updike, The Merrympount Press, Boston. Project Gutenberg. Fecha de publicación: 13 de marzo de 2010. [EBook #31622] [consulta 28 de febrero de 2021].Obtenido de: http://www.gutenberg.org/files/31622/31622-0.txt

La Biblia. Libro del Pueblo de Dios. Traducción y notas de Armado J. Levoratti y Alfredo B. Trusso (Estella [España], Editorial Verbo Divino, 2015).

La Santa Sede. [Internet]. Obtenido de: http://www.vatican.va/content/vatican/es.html

Lupus Research Alliance. [Internet]. *Acerca del lupus*. Estados Unidos.
Obtenido de: https://www.lupusresearch.org/en-espanol/acerca-del-lupus/

Mayo Clinic. [Internet]. Servicios internacionales en español. Estados Unidos
Obtenido de: https://www.mayoclinic.org/es-es

MedlinePlus® en español. [Internet]. Información de salud para usted. Bethesda (MD): Biblioteca Nacional de Medicina de los Estados Unidos. Institutos Nacionales de la Salud. Obtenido de: https://medlineplus.gov/spanish/

Método PENIEL. [Facebook]. Costa Rica.
Obtenido de: https://www.facebook.com/MetodoPENIEL/

National Breast Cancer Foundation, Inc. (Medically Reviewed on April 15, 2020). [Internet]. *About Breast Cancer. What Types of Cancer Are Diagnosed As Stage 0 and 1 Breast Cancer?* [consulta 19 de febrero de 2021]. Obtenido de: https://www.nationalbreastcancer.org/breast-cancer-stage-0-and-stage-1

Papa Francisco. Audiencia General. Miércoles, 4 de enero de 2017. © Librería Editrice Vaticana. [consulta 26 de febrero de 2021]. Obtenido de: http://www.vatican.va/content/francesco/es/audiences/2017/documents/papa-francesco_20170104_udienza-generale.html

Papa Francisco. *Homilía del Santo Padre Francisco*. Miércoles, 24 de julio de 2013. Santa Misa en la Basílica del Santuario de Nuestra Señora de Aparecida. Viaje Apostólico a Río de Janeiro con ocasión de la XXVIII Jornada Mundial de la Juventud. © Librería Editrice Vaticana. [consulta 26 de febrero de 2021]. Obtenido de: http://www.vatican.

va/content/francesco/es/homilies/2013/documents/papa-francesco_20130724_gmg-omelia-aparecida.html

Real Academia Española. (2005). [Internet]. Biblioteca Digital. En *Diccionario panhispánico de dudas*. Obtenido de: https://www.rae.es/dpd/

Rowan, C. (junio de 2002). [Internet]. *Esclerosis Múltiple. Esperanza en la Investigación*. Instituto Nacional de Desórdenes Neurológicos y Accidentes Vasculares. Institutos Nacionales de la Salud. Publicación de NIH Número: 02-75. Estados Unidos. [consulta 8 de febrero de 2021].

Obtenido de: https://espanol.ninds.nih.gov/trastornos/span_esclerosis.pdf

Rudolph, Wilma. n.p. n.d n.pag. The Golden Quotes. Public Domain. Obtenido de: https://www.thegoldenquotes.net/achievement-quotes/

San Francisco de Asís. *Comienza haciendo lo que es necesario, después lo posible y de repente estarás haciendo lo imposible*. Por: P. Dennis Doren L.C. Fuente: Catholic.net Publicado en Catholic.net. [consulta 28 de febrero de 2021]. Obtenido de: https://es.catholic.net/op/articulos/47417/cat/305/comienza-haciendo-lo-que-es-necesario-despues-lo-posible-y-de-repente-estaras-haciendo-lo-imposible.html#modal

San Pío de Pietrelcina. *¿Cómo seguir dando gloria a Dios cuando todo en mi vida sale mal?* Por: Solange Paredes. Fuente: Catholic-link.com. Publicado en: Catholic.net. [consulta 28 de febrero de 2021]. Obtenido de: https://es.catholic.net/op/articulos/71578/como-seguir-dando-gloria-a-dios-cuando-todo-en-mi-vida-sale-mal#modal

Santuario de Nuestra Señora de Lourdes. Francia. [Internet]. Obtenido de: https://www.lourdes-france.org/es/

Shepherd Center. [Internet]. Atlanta, Georgia, Estados Unidos.

Obtenido de: https://www.shepherd.org/

Sociedad Americana contra el Cáncer. [Internet]. Estados Unidos.

Obtenido de: https://www.cancer.org/es.html

Surfmoción. (28 de septiembre de 2015). [Internet]. *Cómo pillar tu primera ola.* [Artículo en un blog]. [consulta 5 de febrero de 2021]. Obtenido de: https://surfmocion.com/2015/09/28/como-pillar-tu-primera-ola/

Tenis sobre ruedas. [Facebook]. Costa Rica.
Obtenido de: https://www.facebook.com/TenisSobreRuedasCR

Vanderbilt Neuromuscular Disorders Clinic. [Internet]. Nashville, Tennessee, Estados Unidos.

Obtenido de: https://www.vanderbilthealth.com/program/neuromuscular-disorders

Biografía

Paula Umaña (San José, Costa Rica, 1974) es empresaria, conferencista y motivadora personal. Licenciada en Comercio Internacional por la Universidad Internacional de las Américas en San José, Costa Rica. Cursó el Programa de Oratoria Dinámica de la Washington University en Seattle, Estados Unidos. Habla español, inglés y francés.

En la década de 1990 fue la jugadora número uno del tenis de su país y de Centroamérica; figuró en el ranking mundial de la Asociación Femenina de Tenis (WTA). Su experiencia en el deporte la llevó a fundar *Coach Paula Tennis*, una academia para niños y jóvenes en Atlanta, Estados Unidos.

Tras dar a luz a su quinto hijo, en 2015, Paula cayó enferma a causa de un trastorno neurológico conocido como polineuropatía desmielinizante inflamatoria crónica y quedó cuadripléjica. Su constancia y fe la ayudaron a soportar intensas fisioterapias y sobrellevar momentos difíciles. Ahora camina con la ayuda de unos dispositivos ortopédicos para las piernas.

En 2020 recibió el Premio Mundo Hispánico Atlanta, en la categoría Deportes.

Paula pertenece a las parroquias de *Holy Spirit Catholic Church* y *St. Francis de Sales Catholic Church* en el estado de Georgia. Forma parte de la *Catholic Speakers Organization* y participa en foros y seminarios.

Casada con el quiropráctico francés Serge Sartre, Paula es madre de cinco hijos. La familia vive en Atlanta.

Correo electrónico: paulaumanaspeaker@gmail.com

paulaspeaker.com

Otras publicaciones: El Kempis del Enfermo

La búsqueda de la esperanza y la alegría a pesar de las vicisitudes y el sufrimiento en nuestras vidas.

Padre Tamiru Atraga
Holy Spirit Catholic Church, Atlanta

En estas breves narraciones encuentro historias de vida, de gente común, como tú y como yo, que me ayudan a valorar la experiencia de los demás, su fortaleza, y cómo el testimonio de otros puede ayudarnos a recuperar la esperanza y de ver que no todo está perdido.

Vicky Cabral
Catequista

Los pacientes deciden ser felices y, pese a todo el dolor, nos ofrecen testimonios de amor, fe y esperanza.

Dra. Eugenia París
Fisioterapeuta

No tengas miedo ante el dolor, deja al Espíritu Santo hacer su obra en ti.

Madre Andrea de Jesús

Todos tenemos alguna parálisis física, mental o espiritual y solamente conociendo el amor del Padre podemos superar todo y salir de esas jaulas que nos atrapan. ¡Gracias, Paula, por recordarnos que tenemos que confiar en Jesús siempre!

Dr. Gerry Sotomayor
Ginecólogo

Conocer la historia de Paula y los relatos de otras personas que han atravesado por la adversidad son la mejor muestra de resiliencia y resignificación del dolor en aprendizaje y esperanza. Un regalo de vida para quienes más lo necesitan. Dios es amor, hágase el milagro.

Ismael Cala
Conferencista y estratega de vida

Notas

Llénate de Esperanza

Conferencias con Paula Umaña

Presenciales y virtuales

Paula Umana Speaker
www.paulaspeaker.com
 +(506)8877-2749

Libros publicados

- 40 Regalos de Esperanza
- 40 Gifts of Hope
- Imitación de Cristo en la enfermedad (El Kempis del enfermo)
- Imitation of Christ for the sick and suffering

COACH PAULA
paulaspeaker.com

✉ paulaumanaspeaker@gmail.com   🌐 www.paulaspeaker.com

DESCUENTOS EN VENTAS AL POR MAYOR

Made in the USA
Columbia, SC
16 October 2022